D1060281

Le Visage effacé

Fakhra Younas
et
Elena Doni

Le Visage effacé
Le drame d'un amour destructeur

Traduit de l'italien par Marylène Di Stefano

ÉDITIONS
FRANCE
LOISIRS

Titre original : *Il volto cancellato*
publié par Edizione Mondolibri, S.p.A., Milano, su licenza Arnoldo
Mondadori Editore S.p.A., Milano.

Éditions France Loisirs,
123 boulevard de Grenelle, Paris
www.franceloisirs.com

Table des matières

Préface

Ce livre est né des déclarations d'une jeune femme analphabète: «Je veux écrire le récit de ma vie», a un jour affirmé Fakhra. Et elle a ajouté: «Mon histoire peut aider d'autres filles qui ont connu le même sort tragique que moi.»

J'ai accepté de transcrire les souvenirs de Fakhra par devoir de solidarité. Solidarité envers elle, qui est douloureusement en train de parcourir les étapes de la reconstruction de son visage et d'une partie de son corps, et envers les milliers de femmes qu'un jour un homme a voulu effacer avec de l'acide et que les familles, souvent confinées dans un abîme de pauvreté où la pitié n'a pas cours, abandonnent parce qu'une fois défigurées, elles ne sont plus que des bouches à nourrir. Au Pakistan, au Bangladesh et en Inde, où cette violence aberrante est en train de se répandre, on les appelle les «nouvelles

9

lépreuses». Solidarité aussi envers ces hommes et ces femmes qui en Italie, au Pakistan et ailleurs, les soignent, les réinsèrent dans la société civile et se battent pour que les agressions à l'acide soient sévèrement punies.

Nous avons donc commencé à retracer la vie de Fakhra : elle parlait, deux ou trois heures durant, dans un italien approximatif (elle comprend, mais ne parle pas l'anglais), et moi, j'enregistrais, questionnais, écrivais. J'ai rapidement été saisie par le jeu éternel et merveilleux de la narration, ce jeu qui dans la légende sauve la vie de Shéhérazade (symbole de l'intelligence féminine qui vainc la violence masculine), et pousse l'auditeur à demander avec impatience : « Et puis, et puis ? ». Fakhra s'exprime de manière concise, simple : « Alors, il est parti et a dit… Elle a eu très peur et n'a plus parlé », et avec une pudeur que l'on a désormais oubliée en Occident lorsqu'elle parle des moments les plus intimes de son histoire (elle a toujours utilisé l'expression « faire l'amour » bien qu'elle en connaisse d'autres beaucoup moins délicates) ou du terrible épisode qu'elle nomme « l'incident ».

En réalité, Fakhra n'est pas complètement analphabète. Elle apprend à écrire dans un cours qu'elle fréquente entre deux hospitalisations. Pour l'instant, elle parvient difficilement à rédiger en majuscules, en italien, la langue qu'elle a commencé à étudier en 2001, lorsqu'elle est

10

arrivée à Rome sans nez, avec un œil et une oreille en moins, le cou engourdi par la cicatrisation qui l'empêchait de lever la tête.

Avant d'épouser le fils d'un richissime homme politique, Fakhra était une célèbre danseuse. Mot que les Pakistanais prononcent en fronçant les sourcils et que l'on pourrait traduire par l'expression «fille de joie», utilisée au XIXe siècle. La «joie», toute relative, de Violetta Valéry a été mise en musique par Giuseppe Verdi et racontée, avant lui, par Dumas fils, mais le destin des danseuses enfants pakistanaises est encore plus cruel car elles ne sont pas libres de choisir l'homme avec lequel elles vivront. C'est leur famille qui décide et négocie le prix.

En suivant la narration de Fakhra pas à pas, toute tentation moraliste disparaît: on comprend la fatalité qui pèse sur les jeunes femmes comme elle, filles de la misère et de la dégradation sociale d'un monde où les mères ont oublié l'âge des fils, où beaucoup de gens n'ont pas de nom de famille, où les enfants ne reçoivent souvent aucune éducation, sont envoyés chez des parents lointains et grandissent dans une pauvreté dévastatrice.

Des nuits passées dans une mosquée en ruine avec une brique pour tout coussin quand elle était enfant aux soirées fastueuses d'une diva de la danse; des jours de luxe et de l'amour amer d'un mari follement jaloux aux longues hospi-

11

talisations et au difficile chemin de la reconstruction du corps et de l'âme, avec pour étoile Polaire un très bel enfant au « grand cœur », Nauman, que sa mère appelle tendrement Naumanino : voilà l'histoire de la vie et de la renaissance de Fakhra.

Renaissance qui a débuté à Lahore grâce à l'action généreuse de Tehmina Durrani, la belle-mère de son mari, mais qui s'est concrétisée en Italie. Grâce aux structures publiques et à la volonté de ceux qui les ont fait fonctionner : Clarice Felli, fondatrice de *Smileagain*, l'organisation qui porte assistance aux femmes du Sud-Est asiatique brûlées à l'acide ; Walter Veltroni, le maire de Rome, qui un jour a pris Fakhra par la main et lui a promis, en lui montrant le Forum par la fenêtre de son bureau, que la ville l'accueillerait ; la députée Carla Rocchi, sous-secrétaire d'État à la Santé en 2001 ; et tous les dirigeants qui ont contribué à accélérer la complexe procédure d'accueil des ressortissants étrangers qui ne peuvent pas être soignés dans leur pays. Grâce aussi à l'amabilité et à l'affection des nombreuses personnes que Fakhra a rencontrées tout au long de son parcours.

PREMIÈRE PARTIE

Ce matin-là

Il faisait une chaleur torride ce matin de mai à Karachi. J'ai soudain eu chaud, comme jamais auparavant. Et je ne voyais plus, je n'arrivais plus à ouvrir les yeux. Ils avaient terriblement gonflé.

À un moment, je me suis rendu compte que je n'avais plus de vêtements sur moi, ils étaient tombés, j'étais nue. Quand mon mari était arrivé, j'étais habillée et maintenant je n'avais plus rien sur le dos. Je criais, j'appelais au secours tandis que je montais les escaliers en cherchant de l'aide. Je me suis aperçue que quelqu'un m'avait jeté un châle sur les épaules. J'ai compris, à sa voix, qu'il s'agissait d'un enfant. J'ai deviné que quelque chose de monstrueux venait de se passer, mais je ne savais pas que ce qui avait dissous mes vêtements et qui était en train de ronger mon visage, ma poitrine et mes bras, était de l'acide.

Ce matin-là, mon mari Bilal, vêtu de noir et accompagné de trois gardes du corps, était venu

15

dans mon ancienne maison, où j'étais retournée vivre lorsque j'avais décidé de divorcer. Je venais de me réveiller et j'étais encore au lit. Il s'est approché, m'a saisi la tête et l'a tirée en arrière : je croyais qu'il voulait me faire boire quelque chose, mais il m'a versé de l'eau sur le visage. Enfin, ce que je croyais être de l'eau car je n'ai alors ressenti aucune douleur. Juste la sensation d'être mouillée. Je n'ai pas pensé à l'acide. J'avais vaguement entendu parler de femmes brûlées au vitriol ou avec le kérosène que nous utilisons d'habitude en cuisine ; et pourtant, dans mon pays, il y en a tellement, des milliers. On ne sait pas combien au juste car les familles ont honte d'en parler, et elles, elles ont honte de se montrer et vivent cachées, ou finissent par mendier dans la rue.

J'ai clairement entendu l'un des hommes de l'escorte demander :

— Il faut la tuer ?

— Ça va comme ça, a répondu Bilal.

Je ne sais pas pourquoi il m'a épargnée. Je pense souvent qu'il ne l'a fait que pour me punir davantage.

J'ai pris peur lorsque mes yeux ont gonflé au point de ne plus pouvoir les rouvrir. Mais j'étais bien loin de comprendre ce qui m'était arrivé. Je ne pensais qu'à la chaleur. Il faisait si chaud ce matin-là, à Karachi. Ou était-ce à l'intérieur de la voiture qui était restée au soleil qu'il faisait

16

si chaud? Une chaleur que je ne supportais plus. On m'a accompagnée à l'hôpital. Ma sœur pleurait, je l'ai prise par la main.

— Pourquoi pleures-tu?

Kiran avait alors dix-huit ans, deux de moins que moi, et elle attendait son premier enfant. C'est un ange : elle a un sacré caractère, mais bon cœur. Elle a été comme une mère pour moi durant mon séjour à l'hôpital.

Je n'ai que des souvenirs épars de cette journée, comme des photogrammes découpés, des images confuses, brumeuses. Peut-être parce qu'on m'a fait une piqûre dès que je me suis allongée sur mon lit. J'ai dormi un peu et lorsque je me suis réveillée, il y avait beaucoup de gens autour de moi, beaucoup d'amis, et tout le monde me disait « courage ». Je ne voyais rien, j'entendais juste les voix. Ma mère aussi était là : elle pleurait, m'embrassait et me répétait « sois forte ». Mais pourquoi? Je voulais juste sortir et recommencer à vivre, maintenant que je m'étais libérée de Bilal. Puis j'ai eu très froid, je tremblais, ma langue aussi avait gonflé, je ne pouvais plus parler, j'avais une fièvre de cheval.

Je ne sais pas combien de jours se sont écoulés, je n'avais plus la notion du temps. Je sais que j'ai passé trois mois dans ma chambre stérile, en ayant l'impression d'y être restée une semaine. La douleur était épouvantable, elle ne disparaissait que lorsqu'on me faisait une

17

injection de King, comme ils disaient. Parfois, ils me faisaient marcher et m'administraient une fausse piqûre de King ; je hurlais et les traitais de menteurs.

Au bout d'un certain temps, j'ai commencé à sentir une odeur infecte. C'était ma chair qui pourrissait. Je l'ai compris le jour où le docteur m'a dit de prendre une douche. Mais pourquoi une douche, ai-je pensé ? Je vais si mal, j'ai de la fièvre, je ne pourrai même pas tenir debout. Le médecin m'avait donné un ordre et il a demandé aux infirmières de m'aider : sous l'eau, j'ai senti les morceaux de chair putréfiée qui tombaient. Ce n'est qu'alors que j'ai vraiment compris ce qu'il m'était arrivé.

Dans la chambre stérile, il y avait d'autres brûlés. Un jour, il en est arrivé en grand nombre : il y avait eu un accident de la route et une voiture avait pris feu. Plusieurs personnes de la même famille ont été hospitalisées ; parmi elles, une petite fille d'environ douze ans, qui n'arrêtait pas d'appeler sa mère, malheureusement déjà morte.

J'ai dit à mon frère, que je surnommais Tina et qui me tenait souvent compagnie d'aller voir cette enfant.

— Dis-lui que sa mère est à l'étage en dessous, tiens-lui la main et caresse-la.

Il y allait, plaisantait avec la fillette et la faisait même rire, parce que c'était un garçon naturel-

18

lement doux. Je dis *était* parce que Tanvir n'est plus parmi nous, il est mort d'une overdose l'an dernier. Il y a vraiment trop de drogue au Pakistan. Tu en veux et on te la donne, ou plutôt on te la livre directement chez toi.

Elle était triste cette chambre stérile, parce que tout le monde mourait et le matin les infirmières disaient :

— Il faut qu'on l'enlève lui aussi.

Un par un, ils ont emmené tout le monde, y compris la petite fille.

Les médecins étaient convaincus qu'on allait moi aussi m'« enlever ». Ils pensaient que j'allais vivre deux ou trois jours, pas plus, car l'acide avait atteint ma poitrine, et s'il parvient à pénétrer les voies respiratoires, on meurt étouffé. Les médecins ont alors demandé à ma mère d'amener Nauman, mon fils, pour qu'il me salue une dernière fois. Quand il m'a vue, il n'a rien dit, n'a pas pleuré, mais en sortant il a susurré à l'oreille de sa grand-mère :

— Ce n'était pas maman.

Après, il a pris l'habitude de rester dans le couloir pendant que je lui parlais à travers une fenêtre, de dos, afin qu'il ne voie pas mon visage couvert de bandages.

Le premier jour s'est passé comme si j'étais là et comme si je n'y étais pas. J'entendais tout ce qu'on disait, mais je ne pouvais presque pas parler ni bouger. Je ne me suis même pas aperçue que j'avais fait une fausse couche, on me l'a dit après. La douleur, elle, je la sentais. Comme si on m'avait dépecée. Une douleur impossible à raconter. J'étais devenue comme folle, je disais des gros mots à tout le monde et me moquais de tout, des gens attentionnés qui venaient à l'hôpital prendre de mes nouvelles, comme des fleurs que Bilal continuait à m'envoyer. On m'a raconté que ma cousine Nazia, qui venait souvent me tenir la main et me réconforter, pleurait lorsqu'elle sortait de ma chambre et criait :

— Dieu, faites mourir Fakhra !

Les médecins, eux, affirmaient que j'étais en train de lutter contre la mort, et s'étonnaient que je continue à vivre. Puis ils ont dit que j'étais de toute évidence une jeune femme très forte. Pourtant, avant l'incident, j'étais considérée comme une personne délicate, je me sentais souvent faible, j'avais peur de tout. Je ne sais pas ce qui m'a fait vivre, un sortilège d'après moi. D'autant que j'avais parfois envie de mourir.

J'avais beaucoup de mal à respirer parce que je n'avais plus de nez, ni de lèvres. Je ne pouvais rien avaler et j'avais mal partout. Un jour, je l'ai dit à un docteur, que je voulais mourir. Il m'a répondu :

— Quand tu ne sais pas nager, tu as peur de l'eau et tu penses ne pas pouvoir rester à la surface. Mais si tu entres dans la mer, tu t'aper-

20

çois que tu y arrives, tu bouges les jambes et les bras et tu vois que tu ne coules pas.

Il avait raison : je n'ai pas coulé. J'ai commencé à m'occuper de petites choses : je demandais à ma sœur Kiran de vaporiser un peu de parfum sur les draps parce que ma propre odeur me gênait ; je la priais de mettre des fleurs près de mon lit ; j'avais toujours envie de me laver, contrairement à d'autres malades qui avaient peur de l'eau minérale. Parce qu'au *Civil Hospital* de Karachi, il n'y a pas d'eau, il faut l'acheter en bouteille, mais elle est chère et brûle les blessures ouvertes, ou aux marchands ambulants qui la vendent dans des outres en peau de mouton, mais elle est pleine de bestioles blanches et il vaut mieux ne pas la verser sur les plaies.

Maintenant, je veux vivre pour mon fils, qui est bon et fort. Et je veux raconter ma vie, je veux dire toute la vérité, même à propos des mauvaises choses que j'ai faites ou que je voulais faire : Nauman comprendra. J'ai dit trop de mensonges et trop de mensonges ont circulé sur mon compte ; j'ai caché trop de choses et trop de choses m'ont été dissimulées ; j'ai été trahie par qui devait m'aider, mais secourue par qui me connaissait à peine. Maintenant, je veux parler parce que je pense que mon histoire peut rendre service à d'autres : aux femmes brûlées d'abord, mais peut-être aussi, qui sait, aux

21

nombreux malheureux condamnés à l'enfer du *Civil Hospital.*

Au Pakistan, tout le monde connaît l'histoire de Fakhra et de Bilal. Parce que Fakhra était une célèbre danseuse, sans aucun doute, mais aussi à cause de la position sociale de Bilal, ex-député au Parlement du Pendjab (l'une des quatre provinces du Pakistan) et fils de l'ex-gouverneur, le Lion du Pendjab, Ghulam Mustafa Khar, l'un des grands feudataires du pays. Au Pakistan, on appelle habituellement feudal lords, *seigneurs féodaux, des hommes immensément riches et puissants, qui sur leurs terres administrent aussi le pouvoir judiciaire à travers un tribunal de cinq juges, le panchet. Leur force résulte non seulement de leur grande richesse, mais également du fait qu'ils sont présents dans un grand nombre de structures politiques du pays.*

J'ai beaucoup aimé Bilal et Bilal m'a beaucoup aimée. Lorsqu'il a dit à son père qu'il voulait m'épouser, moi, une danseuse, son père n'a plus voulu le revoir et ne lui a plus donné d'argent. Car au Pakistan, les danseuses, on couche avec, mais on ne les épouse pas. La famille de Bilal était, et est encore, riche et puissante. Tout le monde dans cette famille m'a rejetée, à part Tehmina, l'ex-femme de Mustafa, le père de Bilal.

22

— Pour moi, tu n'es pas une danseuse, tu es une femme et je suis heureuse de t'accueillir dans ma maison.

Tehmina est généreuse, et lorsque Bilal était petit et très triste parce que sa mère l'avait abandonné pour s'enfuir avec le frère de son papa, elle l'a traité comme son propre fils.

C'est peut-être à cause de cet abandon que Bilal m'aimait d'un amour maladif. La jalousie l'aveuglait : il était obsédé par mon passé et par Nauman. Il ne voulait pas de lui dans notre maison, mais il a fini par l'accepter, à contre-cœur, lorsque je lui ai dit que je ne pouvais pas vivre sans lui. Il pensait que j'étais encore attachée au père de Nauman, mais il se trompait, c'était du passé. Malheureusement, Bilal buvait, et le soir il devenait violent : il me frappait, puis voulait faire l'amour ; il embrassait mes pieds, pleurait et me suppliait de ne pas le quitter. Combien de fois... combien de fois avons-nous fait la paix... combien de larmes, d'espoirs, d'illusions. Combien de fois a-t-il fermé la porte de notre chambre à clé et m'a frappée pendant que Nauman, dans la pièce à côté, entendait tout et pleurait en appelant à l'aide.

Jusqu'au jour où j'en ai eu assez : je venais juste de m'apercevoir que j'étais enceinte, et Bilal, la veille, m'avait infligé pour la énième fois une humiliation dont je ne connaissais que trop bien

23

le scénario. Il était déjà bien éméché lorsqu'il m'a offert un verre de liqueur.

— Non, merci, ai-je répondu.

Il a insisté, j'ai à nouveau refusé : il m'a jeté le verre à la figure.

— Danse, m'a-t-il ordonné.

J'ai obéi, comme je l'avais déjà fait auparavant. Et comme auparavant, il m'a regardée et a commenté, furieux :

— Tu n'es qu'une danseuse, tu ne changeras jamais.

Ce soir-là, il n'a pas exigé de faire l'amour : il s'est déshabillé, est allé dans la cuisine et, je ne sais pas pour quelle raison, a jeté son pistolet dans le baquet de la farine, puis il est revenu dans la chambre et s'est aussitôt endormi.

Au même moment, j'ai pris ma décision : ou plutôt, elle était déjà prête au fond de moi. Je suis sortie de la pièce, j'ai enfermé Bilal à double tour, enfilé en tremblant une paire de chaussures, réveillé mon fils et, en le tenant par la main, je suis partie demander de l'aide à un couple de voisins, les Baloch, qui avaient déjà assisté à une scène de violence entre Bilal et moi. Ils m'ont donné mille roupies avec lesquelles j'ai pris un taxi pour aller chez ma tante. Là, j'ai téléphoné à ma mère et à ma sœur, avec lesquelles je ne parlais pas depuis trois mois, car Bilal me l'interdisait, et je suis retournée vivre chez elles.

J'avais vingt ans, je pouvais prendre un nouveau départ, mais je ne voulais pas garder

24

le fils de Bilal. D'ailleurs, le juge ne m'aurait pas accordé le divorce s'il avait su que j'étais enceinte. J'ai demandé conseil à Shedamaluk, la belle-mère de ma sœur, pour avorter. Elle a promis de m'aider, mais elle est allée tout raconter à Bilal : quelle hypocrite ! C'est de sa faute si Bilal a perdu la tête et a fait ce qu'il a fait.

Au Pakistan, il faut acquitter les soins médicaux. Dans les hôpitaux publics, on ne paie pas les médecins, mais il faut acheter les médicaments, et après une opération, si on n'a pas d'antibiotiques, on peut mourir même si le chirurgien a bien travaillé. Ma mère a vendu notre maison pour payer mon traitement, et quand je suis sortie de l'hôpital au bout de six mois, maman, Nauman et moi n'avions plus un sou. Nous sommes allés habiter chez ma sœur. Bilal avait offert de l'argent à ma famille, qui a refusé. La maison de Kiran était donc notre dernière solution. Quand j'étais danseuse, je leur donnais beaucoup d'argent, et mon beau-frère Irfàn, qu'on appelait Puli, était très gentil avec moi, mais quand Nauman et moi sommes devenus deux bouches de plus à nourrir, il est devenu méchant. Il refusait souvent d'acheter mes médicaments, et mes blessures se sont infectées ; il m'interdisait de recevoir des visites ; il frappait Nauman et lui reprochait ce que je lui coûtais. Et comme si ça ne suffisait pas, il avait toujours

25

envie qu'on lui prépare des plats nécessitant une longue cuisson. Ma petite chambre se trouvait tout près de la cuisine et se remplissait donc de vapeur, ce qui n'était pas bon du tout pour mes blessures, dont la plupart étaient encore ouvertes.

Maman, au contraire, s'est comportée avec une grande force d'âme. Elle parvenait tout juste à mettre de l'argent de côté pour acheter mes médicaments et tous les fruits que je voulais. Elle me soignait avec beaucoup de douceur, pleurait parfois quand elle désinfectait mes plaies, comme si elle éprouvait la même douleur que moi. Et si je le lui demandais, elle passait toute la nuit à me masser. Avec elle aussi, Puli était très dur : une nuit, en rentrant (j'étais sortie avec Nauman pour prendre l'air), nous l'avons trouvée en train de dormir sur les marches parce que son gendre l'avait jetée dehors.

J'ai donc compris qu'il était temps de partir, mais où ? Toutes les personnes que je connaissais, qui d'une façon ou d'une autre avaient fait partie de ma vie, avaient disparu : je ne pouvais aller nulle part car les enfants avaient peur de moi.

Bilal continuait à m'envoyer des fleurs et des lettres, et il téléphonait souvent pour avoir de mes nouvelles. Un jour, j'ai décidé de lui parler. Je tremblais comme une feuille quand j'ai pris le combiné.

— Hello! Comment vas-tu? a-t-il demandé.

— Et tu as le toupet de me poser la question!?

— Je regrette, je suis désolé, je voudrais que tu reviennes vivre avec moi.

— Je t'envoie une photo et après on verra.

— Je t'ai aimée. Pour moi, tu es toujours la même. Tu as des projets?

— Dans ma vie, il n'y a plus de projets.

— Je viens te chercher.

— Tu ne peux pas, la police est à tes trousses.

— Cela n'a pas d'importance.

Un ami lui a prêté un appartement, il a pris l'avion à Lahore, où il habitait à l'époque, et est arrivé à Karachi. Il était habillé tout en noir, comme le jour où il m'avait brûlée à l'acide. Il me faisait peur. Je me suis aperçue qu'il avait bu. Il pleurait. J'avais le cœur qui battait la chamade. J'ai décidé de retourner vivre avec lui, non seulement parce que je ne pouvais pas continuer à rester chez ma sœur, mais aussi parce que je voulais revoir Tehmina qui m'avait toujours protégée quand j'étais à l'hôpital : c'était une personne importante au Pakistan. Et puis, parce qu'au fond de moi, je rêvais de faire du mal à Bilal, je voulais me venger. Ce sentiment a disparu un soir quand, en entrant dans la salle de bains, j'ai vu une bouteille d'eau de Javel et j'ai décidé d'en verser dans son verre. Mais je n'ai pas pu aller jusqu'au bout : j'ai jeté l'eau de Javel et j'ai lavé le verre.

27

Bilal a de nouveau voulu faire l'amour avec moi. Nous avons d'abord fumé beaucoup de haschisch, puis il s'est mis à m'embrasser les pieds comme autrefois, mais cela n'a servi à rien. Ça sonnait faux. Je ne m'étais jamais regardée dans un miroir, mais il suffisait que je touche mon visage pour savoir à quoi je ressemblais. Au lit, j'ai mis un coussin sur ma tête. Il était sur moi et me faisait l'amour. Moi, dessous, je me sentais comme morte.

Il m'aimait, disait-il. Mais dès qu'il le pouvait, il me fuyait. Le vendredi, il devenait nerveux, il avait hâte de partir passer le week-end ailleurs.

— J'ai un petit boulot à faire, disait-il.

Et mon beau-frère Puli retournait le couteau dans la plaie en faisant systématiquement allusion, et avec beaucoup d'ironie, aux « travaux » que Bilal faisait le samedi et le dimanche. Quand il partait, mon mari éteignait son portable pendant deux jours ; une fois, il n'a plus donné signe de vie pendant cinq jours. Lorsqu'il est rentré à la maison et que je lui ai demandé la raison de son absence, il m'a répondu qu'il avait sauvé la vie à une danseuse de ma compagnie que deux hommes voulaient enlever.

— Bravo Bilal, lui ai-je dit d'une voix calme, tu as bien fait, tu as réagi en homme sensible.

Les larmes, parfois, ne sortent pas, mais mon cœur pleure.

La vie à Karachi a vraiment été difficile au cours de cette période. Mustafa continuait à ne pas donner d'argent à son fils, coupable d'avoir épousé une danseuse. Nous n'avions pas toujours de quoi acheter à manger ; et encore moins d'argent pour me faire soigner.

Au bout d'un certain temps, Bilal a décidé de me conduire à Lahore. Je me souviens que dans l'avion, il y avait un enfant qui pleurait à chaudes larmes. J'étais enveloppée dans un grand châle blanc, mais en bougeant il avait peut-être glissé et l'enfant avait probablement vu mon visage. Sinon, pourquoi sanglotait-il tant ? Nous sommes allés à l'hôtel. Pourquoi pas à la maison ? Parce que Bilal continuait à vivre avec sa deuxième femme – j'étais la cinquième – et il ne voulait pas qu'elle sache que j'étais là. Mensonges, subterfuges, comme d'habitude. Et comme d'habitude, nous avons recommencé à nous disputer.

C'est pourtant de Lahore que j'ai pris le chemin du salut et c'est Tehmina qui me l'a indiqué. Nisha, la fille de Tehmina qui a le même âge que moi, est venue me rendre visite. Elle a été bouleversée et en a parlé à sa mère. Cette dernière a tout de suite envoyé une voiture me chercher. Lorsqu'elle m'a vue, elle m'a embrassée : nous pleurions et tremblions toutes les deux.

— Tu verras, tout va s'arranger.

29

Le lendemain, elle m'a demandé de revenir chez elle et a également convié Bilal et son père Mustafa Khar, son ex-mari. Ils ont parlé pendant un moment au rez-de-chaussée, tandis que je restais à l'étage, enveloppée dans mon châle. Au bout d'un moment, Nisha est venue me chercher et m'a accompagnée en bas. Tehmina m'a placée devant Mustafa et a enlevé le voile qui recouvrait mon visage.

— Regarde ce que ton fils a fait à cette jeune femme. Qu'as-tu l'intention de faire pour l'aider ?

Une autre raison de la notoriété de Fakhra et de Bilal réside vraisemblablement dans le fait que Fakhra a été la première femme pakistanaise à faire arrêter son agresseur. Comme on pouvait s'en douter, Bilal est très peu resté en prison : à son procès, tous les témoins se sont rétractés.

Mais lorsqu'il était encore libre, le principal journal pakistanais, Dawn, a écrit, indigné : « Nos juges n'ont-ils donc ni femmes, ni mères, ni sœurs ou filles ? Est-il possible que le destin de toutes les femmes de ce pays soit d'être à jamais traitées impunément comme des êtres inférieurs ? Objets de toutes les cruautés et de toutes les humiliations sans que nos juges et nos législateurs ne lèvent le petit doigt ? Bilal Khar, qui n'a jamais nié les faits, n'a pas été arrêté et se promène toujours, libre de jeter de l'acide une seconde fois. »

L'enfance de Fakhra

Naître femme au Pakistan, qui plus est pauvre, signifie venir au monde avec un chemin déjà tracé devant soi où toutes les portes pour accéder à un futur différent de celui de sa mère sont fermées.

Les mariages entre enfants sont interdits par la loi, mais n'ont pas totalement disparu ; les unions sont arrangées par les familles et la shari'a (la loi islamique introduite en 1980 sous le nom de Hudood Ordinance, concession du général Zia ul-haq aux fondamentalistes) punit de lapidation les adultères et les femmes qui font l'amour sans être mariées. Jusqu'à présent, les procès intentés contre des femmes accusées de « fornication » (comme ce fut le cas au Nigeria pour Safyia et Amina) ont toujours été gagnés en appel grâce au travail d'avocats progressistes, mais des milliers de femmes sont en prison, souvent parce qu'elles sont tombées enceintes après un viol. En juillet 2004, une proposition gouvernementale a été présentée pour réviser l'Hudood Ordinance. Une précédente tentative du président Musharraf de

31

révision de la loi islamique avait échoué à cause de la pression des partis fondamentalistes.

Dans mon pays, il y a des choses auxquelles on ne donne pas beaucoup d'importance. En Europe, c'est différent, il faut que tout soit clair et précis. Des mots et des nombres imposent une conduite et pas une autre : blanc ou noir, vrai ou faux. Ça me convient bien car je n'ai jamais aimé l'incertitude, lorsqu'on te dit « oui, oui, demain » et que ce demain n'arrive jamais. Et je déteste l'hypocrisie qui est si répandue au Pakistan : sourires par-devant et fiel par-derrière.

Je me suis habituée aux règles rigides de la vérité lorsque je suis arrivée en Italie, quand j'ai dû choisir le jour de ma naissance. J'ai tranché et ce sera dorénavant toujours comme ça. C'est écrit sur tous mes papiers : je suis née le 31 mai 1979. Maintenant, quand on me pose la question, je réponds que j'ai vingt-cinq ans, mais je pourrais très bien en avoir vingt-quatre ou vingt-six. En tout cas, une chose est certaine : je suis née à Karachi au mois de mai. Ma mère ne se souvient ni du jour, ni de l'année. Je pourrais très bien avoir un an de moins que ce qui est noté sur mon passeport, car lorsque Auntie Chia a décidé de me vendre à Hemat en disant que j'avais treize ans, je n'avais pas encore de poitrine et j'étais pubère depuis peu.

Je n'ai pas été une enfant heureuse.

Quand je fouille dans mes souvenirs les plus lointains, des images défilent devant mes yeux avec toujours autant d'angoisse. Nous étions chez des gens à Gujraval, un petit village. Je me suis réveillée dans une pièce où il y avait un cheval. Non, ce n'était pas une écurie : il y avait deux lits et un cheval, mais je ne sais pas pourquoi. Je dormais dans un lit et ma mère dans l'autre. Elle était avec un homme : ils parlaient et faisaient un bruit qui me terrifiait. J'ai su par la suite qu'ils faisaient l'amour. J'avais peur et j'étais triste. J'aurais donné n'importe quoi pour qu'ils s'arrêtent.

Ma mère, Munaver-Sultana, était belle et cultivée. Sa grand-mère adoptive l'avait fait étudier. Elle avait même des connaissances en philosophie. C'était une chanteuse et une danseuse de renom, connue dans tout le Pakistan. Quand ma sœur, mon frère et moi étions très petits, nous avons sûrement eu une vie aisée parce qu'une jeune femme s'occupait de nous à plein temps. Maman a eu un autre fils avant nous, qu'elle a cédé à son père, un homme riche.

L'aîné, Tanvir, que l'on appelait Tina, était le fils d'un homme que je n'ai jamais vu et que maman ne voyait plus. Ma sœur Kiran et moi sommes les filles de Fateh Ali Khan, un chanteur de musique traditionnelle fortuné et célèbre qui a même fait de la politique à une certaine époque. Il est mort il y a quelques années à

33

Londres. Il paraît que c'était un homme brillant, toujours entouré de très belles femmes. Je ne l'ai pas connu, il n'est jamais venu nous voir. J'éprouve une grande colère quand je pense à lui.

Maman était une femme moderne qui s'habillait aussi bien à l'occidentale qu'en tenue traditionnelle. Elle portait le sari comme le *shalwar kamiz* (pantalon recouvert d'une tunique). Elle aimait s'habiller en noir. J'étais fascinée quand je la regardais se maquiller : avec du mascara ou du kajal, ses yeux devenaient immenses, et elle soulignait sa bouche avec un rouge à lèvres marron ou de la couleur de sa peau. Elle se lavait avec de la farine de pois chiches et son visage comme son corps prenaient une teinte merveilleuse. Elle était si célèbre pour son élégance que d'autres femmes venaient souvent chez elle pour apprendre comment marcher ou comment tenir le bras en portant un sari.

Quand j'avais environ dix ans, maman a commencé à se droguer, en mettant du même coup un terme à notre enfance. Maman fumait de l'héroïne – au Pakistan, les gens ont l'habitude d'en fumer ou d'en aspirer, mais se l'injectent rarement – et elle ne pensait plus qu'à ça : elle ne cuisinait plus, mais commandait à manger au restaurant, et se levait très tard le matin. Quand la morsure de la faim était trop

34

forte, mon frère, ma sœur et moi la réveillions pour lui demander des pièces pour acheter de quoi grignoter. Elle nous donnait deux roupies et nous prenions de la farine de pois chiches et du *nan*, une espèce de galette blanche. Ça ne suffisait pas pour nous remplir l'estomac, nous avions encore souvent faim, mais nous savions qu'il était inutile de lui demander encore de l'argent : elle ne nous aurait rien donné. Maman nous emmenait parfois, ma sœur Kiran et moi, acheter de la drogue avec elle : la police n'arrête pas une mère et ses deux enfants. Nous devions marcher, marcher et marcher encore, parfois pendant deux heures de suite, une éternité pour nos petits pieds.

Nous sommes allés vivre à Kasur, célèbre pour la beauté de ses femmes, la bonne chère et le bel canto : la ville d'origine de la famille de ma mère. Et la cité préférée des homosexuels qui vivent souvent en couple : l'un fait l'homme et s'habille en conséquence, l'autre se travestit et se maquille de façon voyante. Au Pakistan, les homosexuels sont respectés et font autorité. Ils se comportent comme s'ils étaient des membres de la famille, plus vieux et plus sages : ils aident souvent les familles de leurs amis en prodiguant leur argent ou leurs conseils, et ils sont toujours les bienvenus.

Je n'aimais pas du tout l'endroit où nous logions à Kasur : c'était un *haveli* à moitié en

35

ruine. Les neuf pièces étaient toutes vides sauf une. Il y avait une cheminée, trois lits, quatre assiettes, trois verres, trois casseroles et quelques boîtes pour ranger nos vêtements, mais pas de table ni de chaise. Nous mangions avec les mains, assis sur nos lits, et nous nous lavions à la pompe du puits. Toutes ces pièces vides me faisaient peur, mais une, en particulier, me terrorisait: celle pour prier, celle du *ru*, Baba Gheivallah, un bon fantôme qui fait partie de la tradition chiite, la nôtre, et que maman jurait avoir vu se promener dans la maison. Je n'y suis entrée que deux ou trois fois, l'estomac tiraillé par la faim: il y avait toujours un ou deux gâteaux parmi les offrandes.

Les habitants de Kasur louaient parfois la grande pièce de la maison pour faire des fêtes: il n'y avait plus de toit et c'était donc devenu une espèce de cour intérieure où pouvaient s'entasser jusqu'à deux cents personnes. Les cuisiniers amenaient alors de grandes casseroles et allumaient un feu de bois. Un jour, maman m'a appelée parce qu'elle n'allait pas bien du tout et m'a demandé d'avertir grand-mère: son lit était plein de sang. Grand-mère est revenue avec une sage-femme et elles m'ont dit de rester dehors. Ça a duré deux heures environ.

— Heureusement que vous m'avez appelée à temps. Si vous attendiez encore, cette femme risquait de mourir. Il faut lui faire manger de la

36

soupe de viande pour qu'elle reprenne des forces.

Après la visite, grand-mère est partie et je suis restée seule, avec le problème de la soupe. Où pouvais-je bien trouver de l'argent pour acheter de la viande ? La seule solution était d'en voler à ceux qui étaient en train de préparer la fête. Je tremblais de peur. Je suis allée dans la salle du *ru* en sanglotant et en demandant pardon. Je devais avoir neuf ans et je n'avais jamais rien cuisiné toute seule : j'ai mis la viande dans une casserole avec de l'eau, du gingembre, du safran, des oignons, des tomates et beaucoup de piment. Je me suis trompée car il ne faut jamais mettre de piment dans le potage. Maman a finalement pu manger son bouillon et je lui ai fait boire un peu d'eau ; je l'avais prise dans la salle du *ru*, car les gens en laissaient dans les vases pour le cas où Baba Gheivallah aurait soif. J'espérais que cette eau bénite la ferait guérir sur-le-champ. J'ai ensuite lavé les couches pleines de sang et de caillots, en combattant mon dégoût. Maman pleurait et ne disait pas un mot. Elle me parlait très peu à l'époque. Ce n'est que depuis quelques années qu'elle me remercie.

— Je n'ai pas été une bonne mère pour toi. C'est toi qui t'es comportée comme une mère pour ton frère, ta sœur et moi.

37

Nous ne sommes jamais allés à l'école. Je ne sais pas pourquoi, vu que plusieurs enfants de notre quartier y allaient. Au Pakistan, l'école primaire est gratuite, mais à l'époque, il fallait payer les livres. J'imagine que c'est le manque d'argent qui a convaincu maman que l'on pouvait vivre sans savoir écrire. Elle nous faisait parfois la leçon, mais sans règle précise, quand elle en avait envie, et j'oubliais tout de suite le peu de chose qu'elle nous enseignait. J'apprends à écrire depuis peu : en italien, pas dans ma langue maternelle. L'ourdou utilise l'alphabet arabe, je ne pourrai donc jamais lire un journal en ourdou.

L'analphabétisme, comme dans tous les pays du tiers-monde, est la règle : on estime que les Pakistanaises capables de lire et d'écrire représentent environ 30 % de la population ; ce pourcentage atteint 50 % chez les hommes. En 2004, le gouvernement s'est engagé à distribuer gratuitement les livres aux enfants dans les écoles primaires, une mesure utile surtout pour les filles, parce que lorsqu'il faut dépenser de l'argent pour l'éducation des enfants, le choix des parents porte toujours en faveur des garçons. La mesure a fonctionné, mais pas uniformément : les dysfonctionnements de la bureaucratie ont souvent pris le pas sur les bonnes intentions. Et les écoles sont d'ordinaire trop éloignées pour les petits villageois qui n'ont souvent pas de chaussures et que la

38

*tradition surprotège du moindre danger qu'ils pour-
raient rencontrer sur la route. La scolarisation de
masse n'est pas un objectif à portée de main.*

Nous vivions comme des pauvres, ça c'est sûr.
Maman n'avait plus envie de travailler, elle allait
rarement danser et l'argent qu'elle gagnait, elle
le dépensait pour la drogue ou le donnait aux
hommes dont elle tombait amoureuse. Quand
elle ramenait un homme à la maison, elle nous
disait de dormir, mais je n'y arrivais pas, je pleurais sous les couvertures : lorsque j'entendais les
bruits, je croyais qu'on lui faisait mal.

Je me souviens de l'un de ces hommes, Saïd,
qui nous obligeait à l'appeler « papa ». Tu
parles ! Lorsqu'il était là, nous osions à peine
respirer, tout juste quelques mots s'il nous interrogeait : et si nous nous trompions, les coups
pleuvaient. Dès qu'il arrivait, Saïd buvait tout
le lait que nous achetions, *notre* lait, puis il nous
donnait deux roupies pour que nous allions
prendre quelque chose à manger et lorsque
nous revenions, la porte était fermée et nous
ne pouvions plus rentrer. Le soir, il nous
envoyait tous au lit à neuf heures. Et le lendemain matin, je voyais des traces sur le cou de
ma mère : je sentais alors une grande colère
m'envahir. Elle me semblait sale, tout ce qu'elle
touchait me semblait sale. Cet homme était une
brute.

Une nuit où il n'était pas là, nous nous sommes réveillées, ma sœur et moi, parce que maman pleurait et criait. Nous nous sommes approchées du lit et elle nous a donné une espèce d'enfant enveloppé dans un chiffon. C'était un enfant et ça ne l'était pas : il avait une grosse tête et il était tout gluant. C'était dégoûtant.

— Mettez-le dans un sac en plastique et jetez-le dans la rivière, nous a ordonné maman.

Elle avait la voix des moments où il faut vraiment obéir.

Après, j'ai eu de la fièvre. Maman tombait enceinte très souvent et Saïd, qui avait déjà une femme et trois fils, ne voulait pas d'enfants. Elle avortait, il y avait du sang partout et cela me répugnait. Ce Saïd était non seulement une brute, mais aussi un menteur : on ne pouvait absolument pas avoir confiance en lui. Il promettait sans cesse de nous ramener une télévision, mais il arrivait toujours les mains vides. Cette mascarade a duré des mois puis un jour, j'ai dit à maman :

— Papa dit des mensonges.

Maman m'a frappée avec un bâton.

Saïd était grand, gros, avec une barbe noire ; il faisait peur à tout le monde. Il était très croyant, et maman, qui était complètement subjuguée, a commencé à porter la *burqa* et à prier cinq fois par jour, tournée vers La Mecque. Elle ne nous a pourtant jamais parlé de Mahomet. Et malgré

40

leur religion, les nuits de maman et Saïd n'étaient faites que de sexe et de drogue. J'étais terriblement jalouse de lui : il m'avait volé ma mère.

En plus, il était sunnite et nous chiites. Nous avions donc des traditions différentes. Pour nous, par exemple, le mois de muharram, qui commémore la disparition du vénérable imam Hussein, le petit-fils du prophète, est très important : tous les chiites s'habillent en noir ou en blanc et les hommes se blessent avec des couteaux qu'ils utilisent comme des fouets. Tant que Saïd a vécu avec ma mère, on nous a interdit d'observer cette tradition. Les fêtes aussi étaient défendues, comme ces réunions de famille et d'amis où les invités offrent de l'argent dans une enveloppe. Ce sont des soirées très joyeuses qui durent souvent toute la nuit. Les gens écoutent les chanteurs et regardent les danseuses. Grand-mère, nos tantes et nos amies participaient toutes à la fête. Pas nous, car nous n'avions pas le droit. Mais je ne crois pas que c'était une question de religion. Le problème, comme toujours, c'était l'argent. Que nous n'avions pas.

Je suis très croyante, mais je me méfie des gens qui font preuve d'une trop grande piété. Cette aversion remonte probablement à mon enfance, car l'un de mes oncles, qui portait une longue barbe et qui était considéré comme une petite

41

autorité religieuse – beaucoup de monde lui demandait des conseils –, m'emmenait à la mosquée et, là-bas, me touchait les seins et me montrait son sexe, en m'intimant de ne rien dire. Évidemment que je me taisais : je savais que si je parlais, personne ne me croirait, et qu'on me frapperait.

C'est dur à croire et pourtant, même en plein cauchemar, et en dépit des privations, les enfants parviennent à trouver des moments pour jouer. C'était la même chose pour nous. J'avais des poupées de chiffon, celles pour les pauvres, qui ne coûtent que deux roupies, mais que j'aimais quand même. Je leur construisais de petites maisons et leur confectionnais des vêtements avec les morceaux de tissu qu'on voulait bien me donner. J'avais aussi inventé tout un calendrier pour rythmer leur vie : un jour, je faisais une fête, à laquelle j'invitais mes amies, pour célébrer le mariage d'une poupée ; un autre jour, une autre fête parce qu'elle était enceinte ; un autre encore, je tenais le rôle de la sage-femme qui fait naître le poupon.

J'aimais aussi beaucoup jouer au base-ball avec mon frère, ou à *apustrapu* avec d'autres enfants : on jette un caillou et on saute avec une seule jambe sur un rectangle dessiné par terre, un peu comme à la marelle. Une fois, au cimetière, j'ai trouvé un chiot marron clair que j'ai ramené à la maison : je lui ai fait une petite niche,

42

et avec l'argent de mon petit déjeuner, je lui ai acheté des biscottes et du lait. Je l'ai appelé Kunù. Mais le méchant Saïd, au bout de quelques jours, m'a ordonné de le ramener là où je l'avais pris, et j'ai dû obéir, en pleurant. J'aimais beaucoup les animaux et de temps en temps, je ramenais des poussins à la maison, mais ils mouraient toujours au bout d'un certain temps, bien que j'essaie de les soigner à ma façon, en leur injectant de l'eau.

À l'époque, je fréquentais une famille de chanteurs, les Sadek, et ça me réchauffait le cœur. Ils étaient riches, modernes, et leur fille Bushrà était célèbre. Ils étaient tous gentils avec nous, la mère en particulier. Maman nous laissait souvent chez eux. Mme Sadek nous donnait à manger et nous mettait un peu d'argent dans la poche. Cette femme était belle. Elle portait toujours le voile, et si je ne donnais pas signe de vie pendant quelques jours, elle me le reprochait gentiment.

— Cutì, cutì, me disait-elle (une façon moqueuse de réprimander les enfants qui signifie « chiot »), pourquoi n'es-tu pas venue ? Je t'avais préparé un gâteau.

J'aurais voulu une maison comme la leur, propre et rangée, avec une pièce pour chaque moment de la journée : une pour dormir, une pour cuisiner et une autre pour manger et regarder la télévision. Je m'efforçais en vain de faire la même chose dans la seule pièce où nous habitions : je faisais le ménage à fond, j'accrochais les poêles au mur en guise de décoration, je recouvrais les boîtes de rangement avec un châle et je réunissais les lits pour faire semblant d'en avoir un seul à deux places. C'est justement cet amour de la maison qui a déterminé, du moins en partie, mon destin.

La mère de Fakhra n'est pas la seule à ne pas connaître la date de naissance de sa fille : en l'absence d'un registre d'état civil, on a l'habitude, au Pakistan, d'écrire dans les actes judiciaires : « De l'âge apparent de... ». Et le fait que la mère ait été l'esclave de la drogue pendant tant d'années (jusqu'à la double tragédie du fils mort par overdose et de la fille défigurée) n'étonne personne : au Pakistan, une personne sur dix est dépendante de l'héroïne.

Mais si l'inertie de la bureaucratie et le laxisme, ou la corruption, de la police laissent prospérer le désordre et les abus, il existe aussi de courageuses associations de volontaires qui se battent pour les droits civils et des journalistes qui risquent leur vie – ils la perdent parfois – pour dénoncer les injustices. La Legal Aid Cell, par exemple, offre gratuitement une assistance judiciaire aux plus démunis. C'est une structure qui a commencé par défendre les droits des femmes et qui assiste maintenant tous ceux qui n'ont pas droit de cité dans la société. Amir Bux Brohi était un chroniqueur connu pour son esprit d'initiative et le courage de ses dénonciations contre la violence et l'incapacité de la police. C'était aussi un progressiste qui se battait contre les crimes d'honneur. Il a été tué de trois coups de pistolet en octobre 2003 alors qu'il se rendait à son travail. Les coupables n'ont jamais été retrouvés.

Un beau jour – affreux, peut-être, d'un point de vue pratique – Saïd est sorti de notre vie. Avec lui, ont aussi disparu la possibilité de manger tous les jours et notre maison : laide et en ruine, c'est vrai, mais une maison quand même. Maman n'avait pas d'argent pour payer le loyer et nous avons tous emménagé chez tante Alia, qui vivait avec sa mère adoptive, la seconde femme du grand-père. La famille nous a fait dormir sur la terrasse : il y avait un toit et nous ne prenions donc pas la pluie, mais la nuit nous avions froid et la couverture dans laquelle nous nous enveloppions ne suffisait pas à nous faire oublier combien le sol était dur. Les reproches quotidiens qu'on nous adressait à propos de la nourriture étaient encore plus durs : la grand-mère, qui était très avare, commençait par servir tous les autres – le grand-père, tante Alia, nos deux cousins, le personnel de maison – et s'il restait quelque chose, elle nous le donnait. Nous avions souvent le ventre creux et si nous ouvrions parfois le réfrigérateur à la recherche de quelque chose à manger, elle nous criait dessus. Alors que les domestiques avaient le

45

droit de manger ce qu'ils voulaient et qu'il y avait toujours de la viande fraîche pour le chat.

Pour les enfants pauvres, les moments les plus tristes sont les jours de fête. Cette année-là, quand l'Eid, qui célèbre la fin du Ramadan, est arrivé, tous les enfants de Kasur ont reçu de nouveaux vêtements et des bracelets, et ont eu droit à un morceau d'agneau. Kiran et moi, qui n'avions rien à manger, avons pleuré en nous embrassant.

— Attends que je devienne grande et tu verras, lui ai-je dit pour la consoler.

Voir quoi ? Je ne le savais pas encore, mais j'étais sûre de vouloir faire quelque chose pour ma famille, pour acheter tout ce qui nous manquait. Je voulais me battre, je détestais la passivité de ma mère, constamment affalée sur son lit : abrutie par la drogue ou enivrée de sexe.

Mais j'avais compris une chose : j'aimais danser. J'étais fascinée lorsque je regardais les danseuses voltiger pieds nus dans leurs vêtements colorés, dans le scintillement des bijoux, entourées d'un nuage de parfum. Lorsqu'il y avait une fête, j'y allais toujours : pour voir les danseuses, bien sûr, mais aussi dans l'espoir que quelqu'un me dise : «Danse». Le problème, c'est qu'à l'époque j'avais onze ans. J'étais petite, maigrichonne, disgracieuse et j'avais la peau

46

sombre, contrairement à ma sœur qui était délicate jusque dans sa façon de parler : on me disait toujours que je hurlais au lieu de parler. Les hommes jetaient des billets qui tombaient comme des feuilles en automne sur les danseuses, tandis que je restais tristement dans mon coin. Je devais faire pitié parce que de temps à autre un homme me tendait vingt roupies, environ vingt-cinq centimes d'euro.

— Allez, danse toi aussi.

La première fois où j'ai essayé de gagner de quoi vivre en dansant, c'est quand maman a quitté Saïd. Elle était sortie et quand elle est revenue au bout de quelques heures, elle a déversé un tas de petite monnaie sur le lit. Elle était allée mendier devant une mosquée. Je me suis enfermée dans les W.-C. et j'ai pleuré à chaudes larmes. Une amie qui avait quelques années de plus que moi et qui gagnait un peu d'argent en dansant m'a proposé de l'accompagner. Elle m'a donné un *shalwar kamiz* vert foncé et un soutien-gorge que j'ai rempli de coton. J'ai mis deux paires de pantalons sous ma tunique, dans l'espoir de faire croire que j'avais des fesses bien rondes, ce que les gens apprécient beaucoup au Pakistan. J'ai noué un petit foulard noir sur ma tête, vu que je n'avais plus de cheveux parce qu'on me les avait rasés à cause des poux, puis un deuxième, vert, par-dessus. Quand mon tour de danser est arrivé, j'ai essayé d'imiter les pas

47

de mon amie, qui était assez douée, mais les gens se sont mis à rire et, à un certain moment, un petit garçon m'a interrompue en arrachant mes foulards. J'étais couverte de honte, la boule à zéro, et en pleurs. À la fin de la soirée, on m'a quand même donné cent roupies : j'en ai donné cinquante à maman et j'en ai gardé cinquante pour m'acheter du maquillage dans l'espoir d'une autre possibilité. En fait, j'ai dû attendre plusieurs années avant de pouvoir gagner ma vie, et celle de ma famille, en dansant.

Nous sommes restés plusieurs mois chez les grands-parents, un an peut-être, puis nous avons vagabondé d'une maison à l'autre, chez des amies de maman, avant de finir à la mosquée de Hamambarka, abandonnée et en ruine. Nous dormions par terre et une brique nous servait de coussin ; nous allions prendre l'eau au puits chez ma tante (le réfrigérateur était réservé à sa famille) ; chacun de nous se débrouillait comme il pouvait pour trouver de quoi manger ; nous sautions souvent des repas ou nous devions nous contenter d'un petit morceau de pain ou d'un peu de farine de pois chiches.

Maman n'allait pas bien du tout, elle vomissait souvent. J'allais chez ses amies pour mendier un peu d'argent, pour lui acheter de la drogue. Pourtant, avec une robe et du maquillage, elle était encore belle : elle avait, je crois, un peu plus de trente ans à l'époque.

48

Aucune de ses sœurs ne l'a aidée : elles étaient six. Leur père en a emmené trois quand il s'est séparé de grand-mère, et maman ne les a plus jamais revues, sauf Fawzia qui est revenue vingt ans après. Elle est allée chez grand-mère.

— Tu me reconnais ?

— Non, qui es-tu ?

— Fawzia, ta fille.

Grand-mère s'est évanouie, et quand elle a repris ses esprits, elle s'est mise à pleurer et à crier.

Les voisins sont arrivés. Tout le monde pleurait et embrassait Fawzia. Elle nous a raconté sa vie : elle avait épousé un riche propriétaire terrien et vivait à la campagne, dans le Nord. Un jour, elle m'a emmenée voir sa maison : elle était belle, grande, propre et en ordre. Fawzia s'occupait très bien de ses enfants. Elle veillait à ce qu'ils mangent convenablement, et si elle voyait qu'ils avaient les pieds sales, elle leur demandait d'aller se laver. Je les ai beaucoup enviés.

Les deux sœurs de maman qui étaient restées à Kasur, *Vaji* (tante) Gudò et *Vaji* Alia, avaient au contraire glissé sur la pente de la misère et de l'abjection. Gudò était belle comme le jour quand elle était jeune, mais elle était tombée amoureuse d'un mécanicien, un homme pauvre, laid et méchant, et elle avait eu sept ou huit enfants. Ils étaient allés vivre dans une maison

49

sale et sombre. Leur seule consolation, si on peut dire, était de boire de la vodka de mauvaise qualité le soir avant d'aller au lit. Alia aussi était très belle, et elle aussi était une bonne danseuse. Et comme Gudò, elle avait commis l'erreur de tomber follement amoureuse d'un homme. C'est presque toujours le début de la fin pour une femme : l'obsession qui consiste à croire que c'est le seul au monde et la décision de tout lui accorder, de toujours le satisfaire. Une femme ne devrait jamais se donner complètement à un homme, ne jamais lui donner l'impression que tout est permis avec elle. Alia, qui était forte et décidée, est devenue faible, sans volonté. Elle est grosse, a fait six ou sept enfants avec un homme qui ne l'a pas épousée et elle attend sans se rebeller les coups de son compagnon. Les hommes ne peuvent se permettre de coucher avec une femme sans l'épouser, en la privant ainsi du respect des gens, que s'il s'agit d'une danseuse.

Selon une étude du ministère de la condition féminine du Pakistan, au moins quatre-vingts pour cent des femmes subissent des violences domestiques. Le crime d'honneur et les blessures graves « accidentelles » provoquées par les cuisinières au kérosène constituent la partie visible de l'iceberg, celle qui émerge de l'enfer domestique à travers les dénonciations faites à la police. La plupart des violences sont subies en silence, sans même que les femmes sachent qu'un droit fondamental est violé.

Il est facile de comprendre comment le monde de la danse, avec ses paillettes et ses couleurs, ses gains faciles et sa relative liberté de mœurs, a pu apparaître beaucoup plus attrayant aux yeux d'une jeune femme pauvre que la sombre prison domestique (« le voile et les quatre murs » est l'expression ourdou pour résumer la vie d'une bonne épouse) que les familles « comme il faut » envisagent pour leur fille.

Toute notre famille n'était pourtant pas pauvre et tout le monde ne nous méprisait pas. Il y avait par exemple une lointaine cousine de maman, Azrah Jahan, une chanteuse célèbre, qui vivait à Lahore avec ses enfants, deux filles et un garçon. L'une des sœurs, Badjiba, une jeune femme élégante qui laissait derrière elle de merveilleux effluves de parfum, venait parfois à Kasur au volant de sa voiture. Lorsqu'elle s'arrêtait et qu'un petit groupe d'enfants se rassemblait autour de son auto, elle leur distribuait un peu d'argent : de splendides billets de banque neufs ; pas ceux complètement usés qui, quand ça allait, circulaient dans nos maisons de pauvres.

Un jour, en allant rendre visite à tante Alia, qui habitait près de la mosquée de Hamambarka, elle s'est aperçue que nous campions au milieu des vieux murs en ruine.

Elle est tout de suite venue nous voir et a juste dit :

— Montez, je vous emmène à Lahore.

Sa maison était aussi merveilleuse que sa voiture : une villa sur deux étages, pleine de tapis, avec plusieurs salles de bains, mais surtout beaucoup de nourriture, et la liberté de manger et de dormir quand nous en avions envie. Badjiba était mariée à un homme politique d'aspect sévère (lorsqu'il arrivait, le grand bruit qui résonnait toujours dans la maison cessait immédiatement, comme si quelqu'un venait d'éteindre la radio), mais ils n'avaient pas encore d'enfant. C'est peut-être pour ça que la maison en était toujours pleine : nous finissions tous dans la chambre à coucher, où l'on chantait, jouait, mangeait. Parfois, nous l'accompagnions tous chez le coiffeur et elle faisait faire un shampooing à une dizaine de petites têtes au moins, puis elle achetait des vêtements pour tout le monde. Le matin, elle nous envoyait acheter des *chapati* chauds et de la soupe de poulet, et nous faisions un *nashta* tous ensemble. Un petit paradis qui a brusquement pris fin après une discussion entre maman et Badjiba : personne ne nous a jamais expliqué pourquoi on nous a ramenés en toute hâte à la « maison », dormir sous les étoiles dans la mosquée en ruine.

Un jour, un joueur de *garai* (une espèce de tambour) est venu trouver maman à Kasur. Elle

52

l'avait rencontré des années auparavant à Lahore. Un vieil homme à l'air paternel qui semblait vouloir nous aider.

— Pourquoi ne venez-vous pas vivre à Lahore?

Maman n'a pas répondu tout de suite, mais sa proposition a fait son chemin dans son cœur.

— Et si nous y allions? nous a-t-elle demandé au bout de quelques heures.

Lorsqu'on propose un changement extraordinaire aux enfants, ils sont toujours très enthousiastes, et aller vivre dans une autre ville représente, quoi qu'il en soit, une interruption dans une série de journées qui se ressemblent toutes. Nous étions aussi peut-être motivés à l'idée que nous n'aurions guère pu trouver pire que la façon dont nous étions installés dans la vieille mosquée. Nous avons accepté, tout contents. Le vieil homme nous a donné l'argent pour l'autobus et, à Lahore, il nous a installés chez lui, au dernier étage d'un grand immeuble. Pour une raison que j'ignore, maman a dû retourner à Kasur, mais elle a promis qu'elle rentrerait au bout de deux ou trois jours. Le matin, Kiran m'a réveillée en me secouant très fort:

— Tu n'as pas remarqué que cette nuit le petit vieux est entré dans notre lit et qu'il nous tripotait?

Je suis sortie de mon sommeil comme si j'avais pris une décharge électrique: il fallait fuir cette maison, tout de suite. Nous nous sommes

53

aperçues avec horreur qu'on nous avait enfermées à double tour. À force de crier et de cogner contre la porte, un domestique – un enfant – nous a entendues et nous a ouvert. Nous sommes allées chez une amie de maman, une danseuse qui n'habitait pas loin et qui nous a rassurées. Au bout de quelques heures, le vieil homme est arrivé et il a annoncé d'une voix mielleuse qu'il était venu nous chercher. Kiran a bondi comme une tigresse et l'a couvert de honte devant tout le monde. Pour cette fois, nous étions hors de danger.

Maman est revenue deux jours après, comme promis, mais elle n'allait pas bien. Elle s'était endormie au soleil pendant toute une journée et elle avait une fièvre de cheval. Elle avait besoin de médicaments, mais comment les lui acheter sans une roupie en poche ? J'étais désespérée, je pensais que maman allait mourir.

Heureusement dans la vie, il n'y a pas que des brutes ; on rencontre aussi parfois des anges. Ce jour-là, il y en avait un chez Gudì, l'amie de maman. Il m'a mis mille roupies – l'équivalent de douze euros – dans la main. J'ai couru dehors sans même prendre le temps d'enfiler mes sandales, à la recherche d'un docteur. Mon ange gardien a acheté tous les médicaments prescrits par le médecin. Il a dépensé presque trois mille roupies.

— Pourquoi as-tu fait tout ça pour moi ? lui ai-je demandé.

54

— Parce que tu es une enfant simple, disposée à faire des folies pour sauver sa mère, a-t-il répondu.

Et il m'a embrassée sur la bouche. Tendrement. C'était le premier baiser que je recevais. J'ai trouvé ça magique.

Il est resté avec moi jusqu'à cinq heures du matin, dans la pièce où maman commençait à retrouver des forces. Avant de partir, il m'a encore donné trois mille roupies.

— Tu pourrais avoir besoin d'autres médicaments.

Une semaine s'est écoulée. Maman a guéri et elle a décidé que nous allions déménager à Karachi. Notre ange gardien, qui s'appelait Vagit, a proposé de m'épouser. Maman a refusé. Il nous a accompagnés à la gare, a acheté les billets, de la nourriture et des fruits en prévision des dix-huit heures de voyage, et il a ajouté cinq mille roupies. Il pleurait quand les portes du wagon se sont refermées.

— Si tu es heureuse, va. Si tu as besoin de quelque chose, appelle-moi.

C'est ainsi qu'il m'a fait ses adieux.

Nous sommes arrivés à minuit. Maman connaissait toutes les routes, j'étais fascinée par la maîtrise avec laquelle elle se déplaçait dans cette ville immense. Elle nous a emmenés chez une cousine. Elle n'était pas là. Il n'y avait que son mari, qui nous a hébergés pour la nuit. Le lendemain, nous sommes allés chez tante Gudò qui vivait avec son mari et ses trois enfants dans deux pièces. Au bout de quelques jours, maman est rentrée à Kasur avec Kiran et Tina, et elle m'a laissée seule chez mon oncle et ma tante. Ça n'a pas été une bonne idée. Ma tante buvait beaucoup et avait tendance à devenir violente. Son mari aussi buvait et il m'enlaçait. Trop. J'avais l'impression que ma tante me poussait vers lui. Un soir, ils ont insisté pour que je boive un Coca avec de la vodka, et le lendemain, je me suis réveillée le visage enflé. Qui sait ce qu'ils avaient mis dans ce verre.

Au bout de quelques jours, Tina est revenu de Kasur et je lui ai raconté ce qu'il se passait.

— On pourrait peut-être aller chez Auntie Chia, a-t-il dit.

C'était une parente de maman que nous appelions *auntie*, tante en anglais. Une femme sympathique, maligne, qui avait appris à s'en sortir dans la vie. Elle vivait avec son mari et ses cinq enfants dans un deux-pièces. Nous dormions où nous pouvions, avec qui se trouvait là, mais nous n'étions pas si mal. L'une des filles de Auntie Chia, Nazia, pas très jolie mais sexy, était danseuse. J'ai commencé à aller avec elle au Sangeet Mahal, le « palais du chant et de la danse », un édifice de cinq étages où les hommes viennent voir les danseuses et jettent de l'argent

56

à leurs pieds. Les danseuses ne doivent pas se baisser pour le ramasser. C'est un employé qui s'en charge et qui distribue équitablement la somme en fin de soirée : plus d'argent aux filles les plus douées et les plus demandées, quelques roupies pour les débutantes comme moi. Je n'avais pas encore appris à bien danser et je me maquillais comme un clown : de la poudre blanche et des faux cils. Un désastre.

Un garçon m'a quand même remarqué. Il avait environ vingt ans et s'appelait Shokat. Il était avec des amis. Au bout de deux ou trois soirs, où il me regardait sans ouvrir la bouche, il m'a demandé de danser pour lui, mais peu après il m'a prié d'arrêter. Il m'a jeté quelques roupies et il est parti. Quelle frustration ! Mais il est revenu plusieurs fois et il a fini par avouer :

— Je n'ai pas d'argent, mais je pars quelques jours et j'en ramènerai.

Il est revenu le lendemain. Il a regardé danser les autres, leur a jeté des billets de cent roupies, mais à moi rien, même pas un regard. À la fin de la soirée, Shokat m'a demandé d'aller dehors, il m'a mis mille roupies dans la main et s'est enfui. Mon cœur battait fort.

J'ai continué à danser : sans grand succès, mais en m'améliorant de jour en jour. Dans la danse, le maquillage, et physiquement aussi. Je me suis développée, j'ai pris deux kilos, ma poitrine a

57

commencé à n'être plus tout à fait plate. Un soir, un monsieur élégant, un peu ivre, et qui connaissait toutes les filles, est arrivé. Il s'appelait Hemat.

— C'est qui celle-là ? a-t-il demandé en me regardant.

— Fakhra.

— Je veux l'emmener.

— C'est impossible, elle est vierge.

— Alors non, si elle est vierge, non.

Plusieurs jours ont passé. Un après-midi où l'air était doux – il ne faisait ni chaud ni froid, c'était peut-être le mois de septembre – et où j'étais en train de préparer le pain, Hemat s'est présenté chez ma tante, en lui demandant une jeune fille pour faire l'amour. Auntie Chia s'est empressée de le contenter et a téléphoné à une certaine Goga qui n'était pas belle du tout. Elle était à peine plus grande qu'une naine et avait les dents saillantes. Hemat a renvoyé Goga et a dit à ma tante que c'était moi qu'il voulait. Auntie a répété l'interdit.

— C'est impossible, elle est vierge.

— Pour dîner, alors. Est-ce que tu veux venir dîner avec moi, Fakhra ?

— Pourquoi ne viens-tu pas plutôt me voir danser ?

— Je n'aime pas voir danser.

— Et moi, je n'aime pas dîner dehors.

Ce jour-là, ce fut tout, mais le soir d'après, il était au Sangeet Mahal.

58

— Chante, a-t-il dit en me jetant de l'argent.

Il m'a écoutée jusqu'à la fin, puis il est parti.

Le lendemain, il a téléphoné à Auntie Chia.

— Je veux la première nuit de cette jeune fille.

C'était une décision trop importante pour qu'Auntie la prenne toute seule. Elle en a donc parlé à maman, qui était rentrée à Karachi dès qu'elle avait reçu le peu d'argent que je lui avais envoyé.

— C'est elle qui décide, a-t-elle répliqué.

Lorsqu'on me l'a demandé, j'ai répondu par une question :

— Avec l'argent qu'il me donnera, est-ce que je pourrai m'acheter une maison ?

Maman n'a rien dit.

Hemat

J'ai dit oui le matin : ma virginité en échange de l'espoir d'un chez-moi. J'ai par la suite appris que le prix convenu était de deux cent mille roupies : c'était beaucoup, c'est vrai, mais certainement pas assez pour acheter la maison de mes rêves. De l'argent que de toute façon je n'ai jamais vu et dont les miettes ont servi à m'acheter des vêtements et des bijoux : un investissement, du point de vue de ma famille.

Hemat devait revenir vers sept heures. Ma tante m'a expliqué que je devais m'épiler complètement – aisselles et pubis – mais pas au rasoir, parce que l'islam l'interdit, avec une crème. Une tâche à laquelle je me suis appliquée avec zèle. J'ai même arraché, à l'aide d'un fil, selon la méthode indienne, les quelques poils qui avaient échappé au nettoyage. Puis j'ai pulvérisé un parfum sur tout mon corps, probablement un peu trop, je me suis maquillée, là aussi abondamment, et j'ai mis une robe rouge, la couleur du mariage. J'étais prête.

J'avais très peur. Parce que je ne savais pas exactement ce qu'il allait se passer. Les filles que je connaissais parlaient souvent de sexe et elles disaient que la première fois, ça fait un peu mal.

— Comment ça, un peu mal? ai-je demandé.

Elles ont ri et ne m'ont rien expliqué du tout. Elles ont changé de conversation en disant que j'étais trop petite pour comprendre certaines choses.

Hemat a téléphoné à cinq heures en disant que j'étais vraiment trop petite, qu'il renonçait à cette nuit avec moi. Je me suis sentie soulagée: je suis allée me laver le visage et j'ai regardé la télévision. Ma tante était en revanche consternée. Le matin, Hemat avait déjà donné une avance et il avait aussi payé cinquante mille roupies à la police. En théorie, dans notre pays, un homme ne peut pas faire l'amour avec une femme s'ils ne sont pas mariés. Dans les faits, cela signifie que pour coucher avec une femme adulte, il faut donner mille roupies au commissariat; pour la première fois d'une enfant, beaucoup plus.

À la maison, tout le monde pense que renoncer après avoir payé porte malheur. À qui, à quoi? Je ne sais pas. Au Pakistan, les gens sont très superstitieux. On croit, par exemple, que des ennuis vont arriver si l'œil gauche tremble, que de grosses dépenses sont à prévoir si la main droite démange et que beaucoup d'argent va arriver si c'est la main gauche. Et le chat noir porte malheur, sur ça tout le monde est d'accord, parce qu'on raconte que le *hamam* (saint) Azurnabipak, qui aimait tant les chats au point de ne les frapper qu'avec des morceaux de coton, s'est un jour mis terriblement en colère contre un chat noir parce qu'il l'avait vu manger une souris, un animal immonde. Je ne crois pas à ces choses-là, mais je devine presque tout avant les autres. Je sais, par exemple, si de l'argent va arriver, si quelqu'un à qui je tiens énormément va téléphoner ou si une personne que je connais bien est sur le point de mourir.

Le soir, comme presque tous les soirs, je suis allée danser. Shokat était là et ça m'a fait plaisir : lorsque je le voyais, mon cœur battait très fort. Naturellement, je ne le lui faisais pas comprendre. Entre nous, c'était un jeu de regards : il observait aussi des filles plus belles, mais si je me retournais brusquement, je trouvais toujours ses yeux posés sur moi. Quelques jours après, il a dit à ma cousine Nazia qu'il voulait faire l'amour avec moi. Elle a fait part de sa requête à Auntie Chia, qui a répondu non. Pourquoi ? Je ne l'ai compris que longtemps après. Parce qu'elle avait peur que je tombe amoureuse et que je décide de m'enfuir avec lui. Les danseuses reçoivent toujours des demandes de ce type, mais elles ne sont pas libres de choisir : ce sont les familles qui négocient et refusent

63

les jeunes gens, en particulier s'ils sont beaux, parce qu'elles ont peur que les jeunes filles s'amourachent. Et elles pourraient alors dire adieu à la poule aux œufs d'or : parce que chaque nuit a un prix, pas seulement la première.

Dommage : j'aurais bien aimé faire l'amour pour la première fois avec Shokat. En revanche, au bout de quelques jours, Hemat est revenu. C'était un jeudi après-midi.

— Habille-toi, nous allons faire du shopping avec Hemat, m'a dit ma tante.

J'ai enfilé un banal *shalwar kamiz* noir, mais pour ne pas faire pâle figure, j'ai aussi mis deux petits ballons dans mon soutien-gorge pour que tout le monde pense que j'avais des seins. Nous sommes parties – Auntie Chia, ma sœur Kiran, ma cousine Nazia, sa petite sœur Rabia et moi – vers le lieu du rendez-vous, devant la mosquée Shabukari où j'allais prier chaque jeudi. Il nous attendait dans sa voiture noire. J'étais sur le point de m'asseoir à l'arrière, quand Auntie Chia m'a arrêtée.

— Non, assieds-toi devant.

Bizarre. La voiture était pleine de fleurs et elle avait été astiquée avec de l'huile parfumée. Étrange. Nous sommes allés à l'hôtel Sheraton et nous sommes tous montés dans une chambre. C'est là que Auntie Chia m'a dit :

— Toi, cette nuit, tu restes avec lui.

Je ne m'y attendais pas. J'ai dû prendre un air effrayé, car ma tante, peut-être pour éviter tout refus de ma part, a téléphoné à maman et lui a demandé de me parler. Maman pleurait.

— Fakhra, si tu n'en as pas envie, reviens à la maison.

J'ai réfléchi pendant quelques secondes.

— J'en ai envie.

L'envie de l'argent – de la liberté que peut procurer l'argent – a été plus forte que la peur.

En 2004, le revenu des Pakistanais a augmenté (!) et a même atteint six cents dollars par an et par habitant, moins de deux dollars par jour. Trente-cinq pour cent de la population vit pourtant en dessous du seuil de pauvreté. D'après les journaux, les suicides pour cause de misère sont en augmentation : plus de cinq cents cas par an ont été déclarés comme tels. Les enfants qui fuguent, lassés des privations, des parents drogués et de la faim, constituent souvent une raison supplémentaire de désespoir pour les familles pauvres. D'après une enquête de l'Edhi Trust, de trente à cinquante mille enfants s'enfuient chaque année du milieu familial. Et ils voguent inévitablement de Charybde en Scylla : sur les trottoirs des villes, mendiants, voleurs, prostituées, ou entre les mains du crime organisé. Pour finir en prison. En théorie, les enfants ne devraient pas être détenus avec les adultes, mais une enquête menée par la Legal Aid Cell *en 2002 a recensé cinq mille mineurs de sexe masculin dans les pénitenciers. Avec les conséquences que l'on peut facilement imaginer.*

Abdul Sattar Edhi est aussi célèbre au Pakistan que Mère Teresa en Inde. Il est parvenu, en grande partie à la sueur de son front, mais aussi grâce à des donations privées, à mettre sur pied une fondation pour l'assistance médicale et sociale des pauvres. Dispensaires, hôpitaux, banques du sang, services ambulatoires, services mortuaires pour les cadavres non identifiés, pensions pour enfants abandonnés et beaucoup d'autres choses dépendent de la Edhi Foundation.

Hemat et moi sommes donc allés dans une pièce, ma tante et son mari dans une autre, les filles à la maison.

— N'hésite pas à m'appeler, m'a dit Nazia avant de partir. Pour quoi que ce soit.

Hemat a voulu que je mange. Il a commandé une soupe, mais j'avais l'estomac noué et je n'ai bu qu'un peu de bière. Lui du whisky. J'avais envie de regarder la télé, mais il voulait me toucher et ça m'énervait. Je suis allée dans la salle de bains et j'ai enlevé les petits ballons de mon soutien-gorge. Je les ai cachés en haut du climatiseur, puis je suis retournée dans la pièce.

— Déshabille-toi.

— Non, non et non.

Il insistait, j'ai téléphoné à Nazia.

— Il veut que je me déshabille, qu'est-ce que je dois faire ?

66

— Idiote.

J'ai marchandé avec Hemat : je ne me dévêtirais que s'il éteignait la lumière. Il a accepté. Et il m'a sauté dessus. Il m'a fait très mal. Je criais, mais il a continué. Je lui ai donné un coup de poing dans le ventre, mais il ne s'est toujours pas arrêté. Je me suis enfuie dans la salle de bains, j'étais pleine de sang et la douleur était si forte que même l'eau me brûlait. Je pleurais, je voulais m'en aller.

— Encore une fois, suppliait Hemat.

J'ai pris le téléphone et j'ai appelé Auntie Chia dans sa chambre. Elle a accepté de me ramener à la maison. Il était quatre heures du matin, mais tout le monde était réveillé et content. Ils avaient tous envie de parler.

— Tu es devenue une vraie femme.

J'étais morte de honte et je ne pensais qu'à l'horrible douleur qui irradiait dans mon ventre et mes jambes.

Le lendemain matin, Nazia m'a emmenée chez le médecin, une gynécologue qui a déclaré que ce qui s'était passé la nuit précédente était dangereux parce que j'étais trop petite. Elle m'a dit de ne pas recommencer et de mettre un coussin sous mes fesses quand je m'asseyais. Pendant que nous étions dehors, Hemat a téléphoné en disant qu'il me voulait cette nuit aussi. Ma tante, qui ne me trouvait pas, s'est mise en colère et j'ai pris deux claques.

67

— Tu crois peut-être que tu es devenue grande et que tu peux faire tout ce que tu veux juste parce que tu as fait l'amour une fois ?

Les propos d'Auntie Chia n'étaient pas toujours très cohérents.

Pour le moins mélancolique, je suis allée prendre une douche afin de pouvoir répéter cinq fois le rite de purification, comme le font tous les hommes et toutes les femmes, après avoir fait l'amour :

— *Laa ilaha illa allahu, na Muhammad rasul allahi.*

Je venais juste de finir de me purifier quand Hemat est revenu. Ses baisers m'étouffaient et faire l'amour a été un vrai tourment, pire que la nuit précédente. Je hurlais et lui continuait, de plus en plus fort.

Quand il a eu terminé, il m'a donné deux mille roupies pour le henné. Pour que je teigne mes mains, comme pour un mariage. C'était un geste gentil de sa part et cela représentait beaucoup d'argent, mais j'allais trop mal pour être contente. Je les ai données à Auntie Chia, qui pendant quelques jours s'est adonnée à un shopping somptueux : nouveaux vêtements pour Nazia et pour moi, et des bijoux en or – bracelets, colliers, boucles d'oreille, *pail* (chaînes de cheville) – parce que l'or est important, c'est le cadeau des amants. Pour une femme, c'est la preuve qu'elle sait très bien faire l'amour. Nous avions alors beaucoup d'argent, car Hemat revenait chaque nuit, et chaque nuit il payait cinquante mille roupies pour moi et en donnait mille autres à la police. L'argent ne lui manquait pas : c'était le chef de la douane à l'aéroport. Il avait aussi quatre magasins, des librairies et des vidéoclubs, et il changeait de voiture tous les quatre ou cinq mois. Il avait une femme et trois fils. L'aîné avait mon âge, treize ans.

Hemat était également bel homme, beaucoup de femmes le trouvaient fascinant et, après ces deux épouvantables nuits, il a toujours été bon avec moi : il ne m'obligeait pas à faire l'amour si je n'en avais pas envie, il m'offrait beaucoup de cadeaux et se moquait gentiment de moi parce que je n'avais pas encore de seins. Je dois dire que ma vie s'est remarquablement améliorée après que je l'ai rencontré. Il m'a même aidée quand je lui ai dit que je ne voulais plus vivre dans la maison de Auntie Chia, où maman et elle se disputaient tout le temps. J'ai loué une chambre avec une cuisine et une salle de bains, j'ai acheté deux matelas, une table et un tapis, et nous avons emménagé tous les quatre : maman, Kiran, Tina et moi. Ce n'était pas beaucoup par rapport à la maison dont je rêvais, avec une pièce pour chaque chose : cuisiner, dormir, danser, s'habiller. Mais l'endroit aurait pu être agréable si maman n'avait pas dit à la sœur de Auntie Chia, Huma, de venir habiter chez nous.

C'était une vieille femme qui avait un amant beaucoup plus jeune qu'elle. Elle était autoritaire, avait la manie des heures fixes et passait son temps à nous donner des leçons sur le sexe: insupportable. Et c'était à elle que je devais confier l'argent que Hemat me donnait chaque nuit.

Pendant ce temps, je continuais à danser, j'adorais ça. Je prenais des cours et m'améliorais de jour en jour. Les hommes m'admiraient. Shokat aussi, mais d'un regard différent, peut-être parce que Nazia avait trahi mon secret et lui avait dit que j'avais couché avec Hemat. Il m'avait avoué qu'il me désirait. Mon cœur battait fort pour lui. Un soir, il m'a emmenée dans une maison. Il s'est mis à pleurer.

— Tu es trop petite, m'a-t-il dit en me caressant.

J'étais émue et j'avais trop honte pour prendre l'initiative et l'embrasser. Il ne s'est rien passé, ni ce soir-là, ni jamais. Nous sommes sortis de temps en temps avec Nazia et l'un de ses amis. Nous avons continué à nous regarder tendrement pendant presque un an, jusqu'à ce qu'il tombe amoureux d'une autre et que je ne le revoie plus.

Les mois ont passé. Je continuais à voir Hemat. J'avais quinze ans à présent, quelques kilos en plus et finalement un peu de poitrine. J'ai déménagé dans un appartement plus grand, un deux-

70

pièces. Hemat venait souvent cuisiner pour ma famille et pour moi. Il faisait toujours de la soupe de poule, pas de poulet : le poulet, c'est pour les pauvres au Pakistan. L'argent qu'il me donnait passait très brièvement entre mes mains et se transformait en héroïne dans celles de ma mère. Le comportement de mon frère était de plus en plus étrange : il était indifférent et avait souvent l'air endormi. J'ai compris plus tard que lui aussi avait commencé à se droguer.

Moi aussi, je me sentais bizarre, mais mes symptômes étaient différents : j'avais perdu l'appétit, rien ne me faisait envie, je me serais volontiers passée de manger. Mais je n'ai pas eu le temps de penser à mes troubles parce que grand-mère est morte à l'improviste et nous avons tous dû partir à Kasur.

Des 159 millions de personnes dont est composée la population pakistanaise (selon les estimations de la CIA fondées sur le dernier recensement de 1981), quarante pour cent ont moins de quatorze ans, alors que les plus âgés, ceux qui ont plus de soixante-cinq ans, représentent à peine quatre pour cent. La quantité d'enfants et de jeunes gens qui jouent ou mendient dans la rue saute aux yeux quand on arrive d'Europe, alors qu'il est rare de voir de vieilles personnes. L'espérance de vie est de loin inférieure à celle que nous connaissons en Occident. Par conséquent, les personnes âgées sont aimées et respectées

71

et lorsque l'une d'elles meurt, sa disparition est rendue plus solennelle que celle d'un enfant.

Le souvenir d'une odeur me persécute : celle du savon mélangé à de l'huile parfumée, de l'encens et de la rose. Le savon et l'huile ont servi à laver le corps de grand-mère ; on avait allumé de l'encens dans toutes les pièces et la maison était pleine de roses blanches et rouges. Depuis ce jour, je ne peux plus supporter le parfum de ces fleurs.

Au Pakistan, quand une personne âgée de plus de cent ans meurt, on fait une fête et personne ne doit pleurer. Mais grand-mère en avait probablement moins de soixante (quasiment personne ne connaît son âge parce que nous n'avons pas l'habitude d'enregistrer les naissances) et beaucoup de larmes ont coulé. L'enterrement d'une personne de la famille est un moment très important au Pakistan, et très cher aussi. Sept jours après la sépulture, il faut offrir un riche repas aux parents et aux amis, une centaine de personnes en tout, et il faut répéter ce banquet quatorze, trente et quarante jours plus tard. Puis, au bout d'un an, à l'occasion de l'anniversaire de la mort, on fait une grande fête et les invités arrivent de tout le Pakistan.

Lorsqu'on se retrouve tout de suite après le deuil, tout le monde n'est pas habillé en noir ; il est au contraire de bon ton de choisir le blanc

72

ou des couleurs sombres – mais surtout pas le rouge ! – et d'éviter de porter des bijoux et du maquillage. Les visiteurs ont l'habitude d'amener de la nourriture parce que pendant quarante jours, il est impossible d'allumer du feu dans la maison où quelqu'un est mort : il existe des magasins spécialisés qui préparent la cuisine pour les familles en deuil. D'autant que notre religion nous oblige à donner à manger à cent un pauvres pendant un mois et un jour, et sans ces magasins, ce serait impossible : certains de ces mendiants viennent prendre la nourriture à la maison, mais c'est nous qui devons l'emmener dans la mosquée où se rassemblent les plus malheureux. Nous y allons tous les jours, pour prier et pour prendre des boîtes de graines de dattes que nous renversons ensuite à la maison sur un tapis au milieu des membres de la famille assis en cercle. Chacun ramasse une graine et récite une sourate du Coran ; et lorsque les graines sont finies, on recommence depuis le début. Jusqu'au quarantième jour, quand on éteint la chandelle qui a été allumée à l'endroit où le corps a été lavé.

Grand-mère aussi était danseuse, mais elle l'est devenue par hasard. Sa mère, comme la mienne, ne prenait pas soin de ses enfants, et c'est sa sœur aînée, Beshira, qui s'est occupée d'elle. Elles sont nées en Inde, à Calcutta, et leur

73

pays a dû rester dans le cœur de ma grand-mère car elle a transmis à ma mère, qui me l'a ensuite passé, le désir d'aller de temps en temps prier dans un temple hindou. Moi aussi, je suis souvent allée dans un *mander* : au début, toutes ces statues d'animaux me faisaient un peu peur, mais par la suite une grande sensation de sérénité s'est emparée de moi. Les employés du temple m'offraient du riz et de l'oignon et je me sentais en paix, même si je savais que pour les musulmans, il est dangereux d'aller dans les temples hindous, on risque sa vie.

Un jour, alors que les deux sœurs étaient encore en Inde, elles étaient allées voir un spectacle de danse : une danseuse, qui allait ensuite devenir célèbre comme chanteuse sous le nom de Madam Noor Jehan, se produisait. Ma grand-mère me racontait que sa sœur était très belle et que ses cheveux lui arrivaient aux mollets.

Noor Jehan a joui d'une popularité extraordinaire au Pakistan et en Inde, comme une Callas et une Fitzgerald réunies. Elle était en effet capable d'allier la sensibilité et le goût modernes à des techniques de chant traditionnel, et le cinéma a fait d'elle une vraie diva.

Née en 1926, elle a enregistré son premier disque lorsqu'elle avait cinq ans, et a tourné son premier film à douze ans. Elle en a ensuite fait beaucoup d'autres et a même été metteur en scène. Elle a vécu et travaillé en Inde et au Pakistan, c'est-à-dire dans

74

deux pays profondément ennemis, mais, comme l'a écrit un journaliste indien : « Les confins s'effacent lorsqu'une chanteuse conquiert les cœurs de part et d'autre de la ligne de frontière. »

Madam Noor Jehan est morte à soixante-quatorze ans et c'est le président Musharraf en personne qui lui a attribué le titre de « Reine de la mélodie ».

Noor Jehan a pensé que Beshira pourrait être une bonne épouse pour son frère. Un homme beau, noble et riche, selon elle.

La déception de la jeune femme a dû être immense quand elle s'est aperçue qu'on l'avait trompée. Elle est passée de Calcutta à Kasur, de la relative aisance d'une famille de tsiganes qui volaient les riches pour donner aux pauvres, aux difficultés financières de la famille de son mari, qui n'était ni noble ni riche et vivait grâce à l'argent que leurs filles gagnaient en dansant. Elle-même, habituée à porter le voile, fut contrainte de se produire devant des hommes qu'elle ne connaissait pas. C'est peut-être à cause de ça qu'elle est tombée malade très jeune et qu'elle est morte d'un cancer.

À cette époque, les danseuses étaient pourtant plus respectées qu'aujourd'hui : danser ne signifiait pas automatiquement recevoir des propositions sexuelles. Au contraire, les hommes riches avaient l'habitude d'envoyer leurs femmes apprendre auprès des danseuses l'art de se

75

comporter aimablement avec eux. Évidemment, pour ma grand-mère aussi, la route était tracée : on lui avait fait épouser un autre frère de Noor Jeha, et elle était devenue danseuse. Elle n'était pas très douée. Elle avait dansé jusqu'à trente-cinq ans. Elle avait eu quatre enfants, puis avait divorcé et elle avait eu trois autres enfants avec son nouveau compagnon. Les derniers temps, avant de retourner mourir à Kasur, elle était venue habiter chez moi à Karachi : elle tremblait de la tête aux pieds et faisait pipi dans sa culotte. Je la lavais, elle m'en était très reconnaissante.

— Ta vie changera, me disait-elle toujours.

Je n'aurais jamais imaginé à quel point.

La première fois que je n'ai pas eu mes règles, j'ai attribué ça au changement de climat, de Karachi à Kasur. La deuxième fois, je ne m'en suis même pas aperçue. J'étais trop occupée par la mort de grand-mère. La troisième fois, j'ai commencé à m'inquiéter et j'ai décidé de rentrer à la maison. Mais je n'avais plus d'argent : envolé, dépensé à cause de l'enterrement ou peut-être transformé en poudre pour ma mère. J'ai vendu une chaînette en or pour payer mon billet de train. Kiran, qui était prévoyante, avait caché dix mille roupies sous un tapis à la maison, à Karachi.

Avorter m'a semblé la solution la plus évidente : j'avais vu ma mère le faire tant de fois. Le premier

76

remède qu'on m'a conseillé – faire bouillir deux litres de lait avec des dattes, jusqu'à l'obtention d'un verre, à boire d'un coup – n'a absolument servi à rien. À Karachi, un médecin m'a donné des pilules. J'en ai pris beaucoup plus que la dose prescrite, mais elles non plus n'ont eu aucun effet. Tandis que je continuais à chercher un système pour avorter, j'ai recommencé à danser. Quelques jours après mon retour de Kasur, j'ai été invitée à danser dans une fête privée chez un homme puissant, un avocat qui avait fait partie du gouvernement de Benazir Bhutto[1]. L'époque de Benazir Bhutto a été une belle période : nous étions plus libres ; il n'y avait pas encore toutes ces interdictions qu'on nous a imposées après. Et c'était une femme bonne, tous ceux qui travaillaient avec elle en parlaient en bien. Une femme douce, même dans sa drôle de façon de parler. Elle a grandi aux États-Unis et ne parle pas bien l'ourdou : même quand elle doit juste dire *salaam aleikum*, elle glisse sur les mots.

L'avocat, un homme vieux et élégant, a envoyé son secrétaire me dire qu'il voulait faire l'amour avec moi. J'ai poliment refusé. Le secrétaire m'a demandé d'aller dans la pièce où se trouvait l'avocat pour lui parler. Mais ce n'était pas de mots dont il avait envie.

---

[1] Femme politique pakistanaise. Première femme chef de gouvernement dans un pays musulman, elle a été Premier ministre de 1988 à 1990, puis de 1993 à 1996.

Je me suis enfuie, trois de ses gardes du corps se sont jetés sur moi. La première claque que j'ai reçue m'a presque fait tomber par terre, mais le pire est arrivé après : ils m'ont violée tous les trois. Quand j'ai pu m'échapper, j'ai couru dans la rue pour prendre un taxi. Je me souviens que j'étais pieds nus et en larmes. Le lendemain matin, je suis allée à la clinique. La doctoresse m'a dit que tout allait bien, mais que je ne pouvais plus avorter, la gestation était trop avancée.

C'est ainsi qu'à quinze ans et au cinquième mois de grossesse, j'ai finalement accepté l'idée que j'allais avoir un enfant. Ma tante Alia s'est chargée d'avertir Hemat, qui est tout de suite venu me chercher et qui m'a fait arrêter la danse. Nous avons passé toute la nuit ensemble, en discutant. Il m'enlaçait par-derrière pour ne pas déranger le bébé. Il a toujours eu une attitude paternelle envers moi, mais là encore plus. J'étais parfois méchante avec lui et je le frappais. Il riait et n'a jamais levé la main contre moi.

C'était un homme qui mangeait très peu, mais qui aimait faire manger les autres et les mettre à leur aise. Du jour où je l'ai connu, je n'ai plus jamais bu l'eau du robinet, mais de l'eau miné-rale. Pour moi, il voulait ce qu'il y avait de mieux, la cuisine la plus raffinée, les restaurants les plus élégants. Je me souviens d'un soir à Merin, un village de montagne près de Karachi :

nous étions en train de dîner et dehors il neigeait. C'était très romantique, on me proposait les plats les plus riches, mais depuis que j'étais enceinte, je n'avais envie que de légumes et je commandais de la nourriture chinoise ou indienne. Hemat m'emmenait parfois avec lui lors de ses déplacements professionnels : une fois, il est venu me chercher en toute hâte pour aller à Islamabad, il ne m'a même pas donné le temps de préparer un sac. Le soir, il est revenu à l'hôtel suivi d'un vendeur, les bras chargés de vêtements qu'il avait achetés pour moi. Sa tendresse était telle qu'il me massait le ventre avec de l'huile chaque soir et qu'il m'apportait un verre de lait avant de dormir.

Il était indulgent même envers mes caprices. Avec ma cousine Nazia, nous avions engagé une stupide compétition pour savoir qui avait les vêtements les plus chics, les objets les plus beaux. Un jour, je faisais la tête parce que Nazia avait exhibé une montre de cinq cent mille roupies.

— Viens, allons acheter le dessert, m'a dit Hemat.

Il a arrêté la voiture juste devant le marché, m'a dit d'attendre là et il est revenu peu après avec une montre qui coûtait trois fois plus cher que celle de Nazia.

L'affection et le respect avec lesquels Fakhra parle aujourd'hui encore de Hemat, désormais mort depuis quelques années, donne à réfléchir. À la fois peu Humbert Humbert[2] et un peu pygmalion, Hemat est allé à contre-courant dans une société où une femme est considérée comme la propriété du père ou du mari (et encore plus de celui qui l'a achetée!): non seulement en se créant avec Fakhra une vie de famille parallèle, faite de soupes et de promenades avec les jeunes amies de Fakhra, mais aussi, après leur séparation, en assumant la responsabilité de son fils. Ce comportement est d'autant plus singulier si l'on pense que la tradition pakistanaise ne garantit aucun droit aux femmes. En outre, les anciennes lois tribales ont été récemment flanquées des dures prescriptions de la loi islamique, même si le ton scandalisé avec lequel les journaux et la télévision rendent compte des crimes d'honneur, des mariages de compensation (un homme qui a tué un autre homme donne sa fille ou sa sœur en mariage au membre de la famille le plus proche du défunt), ou des agressions à l'acide laisse penser qu'une partie de la société n'est plus d'accord avec ces pratiques d'un autre âge.

Hemat m'aimait-il? Je crois que oui. Parce que, par exemple, un jour, il a eu un accident de voiture, et après avoir été soigné à l'hôpital, il s'est fait conduire chez moi. De toute évidence, l'endroit où il se trouvait le mieux, c'était auprès de moi.

---

[2] Référence au personnage principal de *Lolita*, roman de l'écrivain russe Vladimir Nabokov, qui a une relation notamment sexuelle avec une fille prépubère.

Moi, non, je ne l'aimais pas. Je le respectais, je n'acceptais pas les propositions d'autres hommes, je me rendais compte qu'il était bon et généreux avec moi... mais l'amour, c'est autre chose. J'étais peut-être encore trop petite. Il m'avait l'air d'un vieil homme : j'avais quinze ans, lui plus de cinquante.

J'étais sur le point de fêter mes seize ans quand un soir de mai, Hemat nous a emmenées, deux de mes amies, ma sœur Kiran, l'une de ses amies et moi, dîner dehors. Comme toujours, il a voulu que je mange de la poule, il disait que cela me donnerait de l'énergie. L'accouchement était prévu pour bientôt et ne se présentait pas très bien : l'enfant était très gros et mon bassin très petit. Le docteur craignait qu'une intervention soit nécessaire. Je me sentais fatiguée ce soir-là, et bizarre. Mais une fois à la maison, j'ai commencé à faire le ménage et j'ai eu à nouveau faim. Kiran m'a donné une tasse de lait chaud avec des pommes et je suis allée me coucher.

Comme je l'ai déjà dit, Kiran a été une très bonne sœur pour moi et aujourd'hui encore nous nous téléphonons souvent : je suis heureuse quand j'écoute sa voix désormais si lointaine. Et pourtant, pendant ces mois où Nauman grandissait dans mon ventre, Kiran m'a infligé une grande douleur. J'avais toujours espéré pour elle un futur différent du mien : je voulais qu'elle étudie, c'est pour ça que j'avais demandé à un

81

enseignant de venir à la maison trois fois par semaine, et j'espérais qu'un jour elle se marierait avec un brave garçon. Mais elle est tombée amoureuse d'Irfàn, qu'elle a ensuite épousé. Un bon à rien que Kiran entretenait en volant l'argent que je lui confiais pour les dépenses de la maison. J'ai beaucoup pleuré et je l'ai même frappée : mais elle était trop amoureuse pour entendre raison.

Cette nuit entre le 18 et le 19 mai, je me suis réveillée en sueur alors qu'il faisait encore nuit. J'ai compris que le moment approchait. J'ai attendu huit heures du matin pour réveiller Kiran et j'ai dû lui donner une gifle pour qu'elle se décide enfin à ouvrir les yeux. Nous sommes finalement parvenus – elle, mon frère Tina, ma mère et moi – à prendre un taxi pour aller à la clinique. Le docteur a dit que l'enfant naîtrait vers dix heures du matin – ma mère s'est tout de suite mise à lire le Coran à voix haute – mais Nauman n'a vu le jour qu'à deux heures de l'après-midi, le jeudi 19 mai. Il pesait trois kilos et il était beau et rose. On m'a fait cinquante-cinq points. Il avait aussi deux signes particuliers que ma mère a tout de suite remarqués : une mince ligne rouge, *mehram*, qui lui traversait verticalement le front, et l'absence de prépuce, comme s'il était né circoncis. D'après elle, cela signifiait que Nauman était un enfant vraiment spécial. En effet, nous nous sommes

82

vite rendu compte qu'il n'était pas comme tous les enfants de son âge : il a toujours été plus mûr, plus fort pour affronter les difficultés. Je crois toujours à tout ce que Nauman me dit, parce que c'est un enfant particulier.

Hemat est arrivé peu après l'accouchement. Il avait apporté trois bagues avec de petits diamants pour les mettre aux mains de l'enfant, comme le veut la tradition, et une énorme quantité de soupe pour moi et pour qui venait me rendre visite. Il a donné de gros pourboires aux infirmières et a pris une chambre pour maman et pour Kiran. Quand je suis rentrée à la maison avec Nauman, j'ai trouvé une kyrielle de petits vêtements qui venaient de Londres et de Paris, un berceau mécanique qui reproduisait le mouvement des bras d'une mère, un petit landau et un merveilleux panier pour les nouveau-nés.

Peu de temps après la naissance de Nauman, j'ai acheté une maison et nous avons tous emménagé à Napier Road, le quartier où habitent les danseuses : un endroit toujours en mouvement, où les magasins restent ouverts la nuit. Plus maintenant, m'a dit Kiran : malgré l'avancée des islamistes, l'alcool et la drogue se sont incroyablement répandus ; les magasins doivent fermer tôt et la police contrôle les routes pour éviter les violences.

Mon rêve était finalement en train de se réaliser : cette maison était plus grande et plus belle,

elle avait deux chambres à coucher, une grande salle de séjour, deux salles de bains, une cuisine et un garde-manger, l'air conditionné et des sols en marbre. Ma chambre était blanc crème et j'avais collé au mur de grandes photos de moi. Nauman n'avait pas de chambre, il dormait comme ça se présentait. Les enfants n'aiment pas dormir seuls. C'était un endroit gai.

Pour le premier anniversaire de mon fils, nous avons décidé de faire une grande fête en invitant les membres de la famille et les amis. Deux jours avant, j'avais ouvert le tiroir où je conservais l'argent et les bijoux, mais il était vide. Tina avait tout pris. Nous nous sommes disputés comme chien et chat : c'était un brave garçon, mais tous ceux qui prennent de l'héroïne se transforment en tigres quand ils ont besoin d'une dose. Et Tina ne faisait pas exception à la règle.

Après la naissance de Nauman, la vie a progressivement repris son cours, entre joies et peines. Je continuais à danser et je gagnais bien ma vie. Hemat ne me payait plus chaque nuit depuis longtemps, mais je ne manquais de rien. Avec lui, j'ai voyagé en avion pour la première fois ; j'ai mangé de la langouste ; il m'a appris à marcher, à parler, à manger avec une fourchette et avec des baguettes quand nous allions dans un restaurant chinois. J'ai appris à me comporter comme une princesse lorsque nous allions dans des endroits élégants, même si nous aimions souvent pique-niquer dans sa maison près de la mer. Mes amies venaient avec leurs enfants. Elles amenaient de la bière, du riz et des fruits. Et s'il commençait à pleuvoir, nous étions encore plus heureux. Au Pakistan, nous préférons aller à la mer quand il fait mauvais, comme ça nous ne risquons pas de bronzer : pour nous, la peau claire est un signe de distinction et c'est aussi le premier critère de beauté.

Un soir d'hiver où il faisait très mauvais temps, Hemat nous a emmenés au restaurant : il y avait Kiran, mon cousin Naved qui est aussi le frère de Nazia, et Nauman qui n'avait que quelques mois et que je tenais dans mes bras. Au bout d'un moment, Hemat s'est aperçu qu'une belle femme portant un sari jaune était assise à une table proche de la nôtre : c'était sa femme et ses enfants. Il a quitté notre table pour aller les rejoindre et n'est plus revenu. Ce soir-là, l'idée de le quitter a commencé à faire son chemin en moi.

Peu après mon arrivée à Rome, un après-midi, j'ai reçu un coup de fil du Pakistan. C'était mon beau-frère Puli qui m'annonçait la mort de Hemat. J'ai beaucoup pleuré et j'ai demandé pardon à Dieu pour toute la douleur que je lui avais causée.

DEUXIÈME PARTIE

Moi, Kajal

Seule. Et contente de l'être.

À seize ans, j'étais maître de ma vie. Pleine de doutes – avais-je bien fait de quitter Hemat ? – mais au centre d'un petit monde qui dépendait de moi : mon fils, ma mère, ma sœur, mon frère, le personnel de maison. Jamais vraiment seule donc, mais toujours entourée de différentes personnes, et avec la nette impression d'avoir toute la vie devant moi. À croquer à pleines dents, avec ses myriades d'épisodes et de choix à faire.

Derrière moi, toujours prêt à intervenir, se tenait encore Hemat. Il avait tellement pleuré quand je lui avais dit que je voulais mettre un terme à notre liaison – au Pakistan, les hommes pleurent s'ils ont du chagrin, et il n'y a rien d'étrange à ça. Nous continuions à nous voir. Il couvrait notre enfant de cadeaux et me faisait la morale comme l'aurait fait un bon père :

— Je ne veux pas que tu deviennes comme Nazia.

Tout le monde savait que ma cousine avait mille et un amants.

Mais la vie frappait avec force à ma porte. J'étais devenue belle, tout le monde me le disait, et j'aimais bien m'habiller, être chaque jour une personne différente : j'avais teinté mes cheveux noirs en châtain clair et je portais souvent des lentilles de contact colorées pour avoir les yeux clairs. J'utilisais mes vêtements deux ou trois fois, puis les offrais ou les jetais.

J'avais décidé, dans le but aussi de m'éloigner de Hemat, d'accepter une offre que l'on m'avait déjà faite plusieurs fois : aller danser quelques semaines à Dubayy dans un grand hôtel. Il paraît que c'est le plus luxueux du monde, il s'élève sur la mer comme un grand voilier. L'arrivée à l'aéroport a été pleine d'émotions : c'était un bâtiment immense, à plusieurs étages, et il y avait de vrais palmiers dans les salles d'embarquement. Nous étions huit danseuses, deux chanteuses et quatre musiciens, deux tambours, un *baja* (un petit piano) et un instrument à cordes pincées qui s'appelle *shisha*. À Karachi, je dansais presque toujours avec de la musique enregistrée, j'aimais surtout les mélodies romantiques où le langage des mains est très important : avec elles, on peut dire «pluie», «larmes», «honte»; on peut traduire n'importe quel mot avec les mains, et on peut raconter toute une histoire avec les mouvements de la danse. L'habileté

90

d'une danseuse se mesure autant à sa capacité à faire comprendre l'histoire qu'à le faire avec des gestes élégants, en rythme avec la musique.

Le voyage avait été organisé par Papoo, un membre de la famille connu pour son avidité. Il nous avait promis de gros gains, mais une fois les frais et son exorbitant pourcentage déduits, il ne restait plus que quelques roupies. Et le séjour à Dubayy avait été une vraie galère.

Nous étions trois ou quatre filles dans chaque pièce, nous devions descendre dans la salle à neuf heures du soir pour commencer à danser à dix heures, et ce jusqu'à cinq heures du matin. Les hommes nous lançaient des fleurs, vraies ou en plastique, que nous pouvions ensuite échanger contre de l'argent. Dès que nous retournions dans nos chambres, les jambes lourdes et douloureuses à cause du poids des gungru, les clochettes que nous portions nouées le long du mollet, les coups de téléphone des hommes qui essayaient de nous approcher commençaient. Ils faisaient monter dans nos chambres du parfum, des vêtements, de la nourriture posée sur des feuilles de pam, une plante très appréciée au Pakistan, avec des propriétés légèrement stupéfiantes. Ou une boîte de chocolats avec un bijou à l'intérieur. Tant que nous étions sous contrat pour le spectacle, rien ne pouvait se passer, mais au terme de cette période nous avons eu quinze jours de vacances. Et le

91

commerce du sexe s'est déchaîné. Les vierges, tout juste sorties de l'enfance, étaient les plus recherchées. Je n'ai jamais compris pourquoi les hommes ont cette manie : ça les excite peut-être qu'une petite créature hurle de douleur pendant qu'ils s'agitent dessus comme des brutes. Le contact n'a cependant jamais lieu avec la fille : les hommes transmettent leur demande à l'organisateur qui les met en rapport avec les parents, lesquels négocient le prix. Et pour une vierge, même si elle n'est pas très belle, il peut atteindre trois cent mille roupies, environ trois mille sept cents euros : une somme énorme dans ces pays. De l'argent et des bijoux que nous ramenions chez nous -- parfois offerts par des hommes qui n'avaient rien obtenu en échange – il ne nous restait presque rien. Les gains d'une danseuse sont en effet répartis entre tous les membres de la famille : un collier pour maman qui devait acheter un nouveau réfrigérateur, un pour la tante qui avait un enfant à l'hôpital, un pour la cousine qui voulait une robe neuve, et ainsi de suite…

De retour à Karachi, j'ai recommencé à fréquenter le Palais du chant et de la danse, où Auntie Chia venait régulièrement. C'est elle qui m'a dit un soir qu'un homme me voulait.

— Il est beau, il a environ trente ans, va avec lui.

— La prochaine fois, peut-être.

Une femme ne doit jamais se donner tout de suite.

Cet homme s'appelait Nadim et, sans aucun doute, il était attirant. Le lendemain, il s'est à nouveau présenté.

— Ce n'est pas possible, j'ai mes règles, lui ai-je fait répondre.

Le jour d'après, je suis allée à Kasur. Quand je suis rentrée, maman m'a dit qu'il était venu me chercher à la maison. Un homme beau, amoureux peut-être, qui s'intéressait à coup sûr à moi : pourquoi continuer à lui dire non ? La première fois que j'ai fait l'amour avec lui, il m'a donné cent mille roupies et quand je suis rentrée à la maison, il a téléphoné pour me dire que je lui manquais.

Je sais qu'en Occident on pense à mal quand l'amour est lié à l'argent, mais au Pakistan la question est plus complexe. La prostitution existe bel et bien, mais le pacte est formel : à chaque rencontre, l'homme doit payer une certaine somme et la femme ne refuse jamais. Les danseuses ne sont pas des prostituées, elles peuvent accepter ou refuser un amant. Certaines ont même fait de grands mariages. Chez nous, les cadeaux les plus chers sont des déclarations d'amour : si une fille de bonne famille ne recevait pas souvent des bijoux ou une automobile

93

de la part de son fiancé, ses parents s'inquiéteraient :

— Pourquoi ne te donne-t-il rien ? Tu ne l'intéresses donc pas ?

Chez nous, l'amour s'exprime en carats. Ou en billets de mille roupies. Quand les membres d'une même famille ou des amis se font des cadeaux, par exemple à l'occasion d'un mariage ou d'une naissance, c'est en général de l'argent, rarement des objets.

Les phrases passionnées et la générosité de Nadim me flattaient. Je me suis tout de suite aperçue que je pouvais lui demander n'importe quoi. Il me satisfaisait tout de suite. Il suffisait que je veuille faire du shopping pour qu'il m'accompagne et achète également des vêtements pour ma famille ; si je lui faisais remarquer que le frigo était cassé, il arrivait peu après à la maison avec un nouveau réfrigérateur. Lorsque j'allais à Lahore, il venait avec moi, nous dormions dans un grand hôtel et au retour je ramenais trois ou quatre des enfants de mes tantes. Il dépensait l'argent comme si c'était du simple papier.

J'ai vite commencé à le comparer à Hemat. Hemat aussi était riche et il m'a traitée comme une princesse, mais ils n'étaient pas du tout du même rang. Hemat m'a appris les belles manières ; Nadim était le fils d'un cambiste, une personne en bas de l'échelle sociale.

94

Avec lui, j'ai changé et j'ai pris goût à jouer les coquettes, ce que je n'avais jamais expérimenté jusqu'alors. Ou pour être exacte, j'étais mi-femme, mi-enfant. Aujourd'hui encore, j'aime plaisanter avec les gens, mais je me rends compte qu'avec Nadim j'y mettais une pincée de cruauté toute féminine. Je lui disais, par exemple, que je venais tout de suite chez lui et je n'y allais pas. Il m'invitait à dîner dans un restaurant luxueux et j'arrivais avec une dizaine d'amies. Si nous allions dormir à l'hôtel, quand il était nu et excité, je courais en riant dans la salle de bains et m'y enfermais parfois pendant deux heures. Il me disait que son plus grand rêve était de m'épouser, je me moquais de lui et le convainquais qu'il était laid. J'étais douce comme le miel, et deux secondes plus tard je le traitais comme un chien. Et la fois d'après, c'était encore pire. Je m'étais rendu compte qu'il était fou de moi et mes requêtes étaient de plus en plus exigeantes, comme si je voulais mesurer l'étendue de mon pouvoir. Nadim faisait n'importe quoi pour satisfaire mes désirs. Il me racontait parfois qu'il volait de l'argent à son père pour me le donner, et si je n'étais pas contente, je le frappais. De grosses gifles, pas de petites claques pour rire.

Je suis restée avec lui pendant deux ans, en essayant d'utiliser mon corps le moins possible. Pauvre garçon, il a été mon homme-objet et j'en

95

ai profité. J'ai apprécié son soutien et son affection quand j'étais à l'hôpital et quand il a aidé ma famille.

Je me défoulais peut-être sur Nadim, parce que je me sentais coupable d'avoir quitté Hemat qui me manquait énormément. Quand celui-ci avait appris que j'avais un nouveau compagnon, il avait pleuré, inconsolable. Il m'avait demandé s'il pouvait encore me téléphoner et j'avais accepté sans hésiter. Mais je n'avais jamais songé à retourner avec lui : la rencontre avec sa femme au restaurant avait rompu à jamais un équilibre qui avait duré des années.

Dans la maison de Napier Road, la vie se déroulait sans drame, mais pas sans problème.

Le soir, j'allais souvent danser dans les hôtels ou chez les familles riches plutôt qu'au Palais du chant et de la danse. J'étais désormais une danseuse célèbre et je pouvais choisir l'endroit où me produire. J'étais plus connue sous le nom de Kajal que sous mon vrai prénom, car dans la tentative inutile de ressembler à ma mère, je me mettais beaucoup de kajal sur les yeux.

Les soirées finissaient en général vers cinq heures du matin, j'avais donc pris l'habitude de ne jamais aller au lit avant l'aube. Et quand je ne dansais pas ou ne voyais pas Nadim, je restais avec mes amies et nous jouions aux cartes ou à *tambòla*. Je ne me levais donc jamais avant treize heures. C'était parfois la femme de ménage qu'on appelait Hammà, «madame», qui me réveillait. Elle venait me masser les pieds, toujours gonflés, et je la renvoyais souvent en bougonnant :

— Occupe-toi de Kiran, laisse-moi dormir.

Lorsque j'étais enfin décidée à me lever, je prenais une tasse de *chai* – du thé – et des biscuits, les restes de la veille ou de la viande hachée et des petits pois, l'un de mes plats préférés que Kiran m'avait préparé. J'ai toujours peu mangé et de façon irrégulière. Il vaut mieux être maigre pour danser.

C'est à cette époque que j'ai été actrice. Dans mon premier film, qui s'intitulait *Le Vieux qui siffle*, j'étais la sœur du héros. On me violait, puis on me jetait d'un hélicoptère. Mon frère entrait alors dans une rage folle et tuait tout le monde. Mauvais film, mais le tournage a été un moment joyeux, même si très fatigant : je devais partir le matin à huit heures, un horaire impossible pour moi qui m'étais peut-être couchée à trois heures du matin, et il fallait travailler longtemps sous le soleil.

Peu après la fin de ce premier film, j'ai joué au théâtre, dans un spectacle type *Amour, gloire et beauté*. Ma sœur Kiran tenait le rôle principal. J'étais sa domestique et je rêvais de devenir danseuse. Le deuxième film, je ne l'ai pas terminé parce que le metteur en scène avait

97

d'autres idées en tête pour moi. Sans regret, car le travail que l'on fait au cinéma donne beaucoup moins de satisfaction que la danse.

Nauman avait alors deux ans. Le matin, une jeune fille s'occupait de lui, mais il y avait aussi Kiran, ce dont je lui suis très reconnaissante. L'après-midi, il était tout à moi : câlins et achats. Pas d'histoires : je n'en connaissais pas parce que personne ne m'en avait jamais raconté.

Je le couvrais de jouets, comme je couvrais Kiran de vêtements. J'avais l'impression de devoir le faire, comme si je voulais dire avec chaque cadeau : « Je ne vous abandonne pas ». Je me suis toujours sentie responsable de ma famille. J'étais encore petite quand je faisais et refaisais les comptes à la maison. J'avais l'impression qu'il n'y avait jamais assez d'argent et je me demandais avec inquiétude comment faire pour en gagner. Ce n'est que depuis que je suis en Italie que je me suis aperçue que la chose la plus importante à donner aux enfants est son temps.

J'ai toujours aimé aider les autres : Hammà ou des gens que je connaissais à peine et qui venaient me demander de l'argent parce qu'ils avaient un fils malade ou une fille qui devait se marier. Il n'est pas rare que les gens en difficulté s'adressent aux danseuses. Notre position est étrange : nous sommes admirées et recherchées,

98

les hommes nous désirent, les pauvres nous bénissent, mais les gens «comme il faut» nous tiennent à distance. Certaines danseuses, il est vrai, font un bon mariage, mais le plus souvent, les parents riches essaient de toutes les façons possibles de briser les liens qui les unissent à leur fils.

Comme je l'ai dit, les problèmes ne manquaient pas. Maman n'essayait pas de se sortir de l'héroïne, et mon frère Tina, bien que je l'amène régulièrement à l'hôpital pour le faire désintoxiquer, retombait dans la drogue. Maman était devenue très maigre. Lorsqu'elle prenait de l'héroïne, elle était gentille et de bonne humeur, la maison était en ordre et elle me proposait même de me masser les cheveux. Mais quand la crise d'abstinence approchait, elle me parlait méchamment.

— Tu ne fais rien pour nous. Tes cousines vivent pour leur famille; toi, tu as acheté cette maison, mais depuis tu t'en moques, tu ne vis que pour toi.

Après, elle sortait et ne rentrait pas pendant deux ou trois jours. Je pleurais, m'arrachais les cheveux, me donnais des claques toute seule. J'étais dévorée par l'angoisse, j'envoyais des gens la chercher. Nauman se joignait parfois à eux, mais quand il la trouvait, elle disait:

— Va-t'en, méchant garçon, fils d'une mauvaise mère.

99

Seule la prière me consolait pendant les jours les plus sombres. Je faisais parfois monter toute ma famille dans une voiture et nous allions à la mosquée Sevan Sharif, à sept heures de Karachi. Je louais une chambre et nous restions là deux jours. Je priais Allah pour qu'il me pardonne parce que je faisais l'amour avec des hommes, je le remerciais pour tout ce qu'il me donnait et je repartais pleine d'énergie. À Karachi, j'allais parfois au *mazar* (l'endroit où vont prier les femmes, celui où vont les hommes s'appelle *madjid*) Gazi Abdullah Shah. J'y suis aussi allée après avoir été brûlée et j'y ai toujours trouvé la paix. Je priais au fond de moi, parce que je ne connaissais pas le texte du Coran : personne ne me l'avait jamais appris. Je m'adressais à Dieu, que les chiites appellent Udah – Allah est un mot arabe – et je lui demandais de l'aide. Maintenant, quand je vais à l'église à Rome, je prie sans donner de nom à Dieu. Il m'aide quand même et je rentre à la maison plus forte.

J'ai eu plus que jamais besoin de toute mon énergie pour affronter ce qui pour moi a été un drame : le mariage de ma sœur. Kiran était tombée amoureuse d'un homme que je n'aimais pas car il avait la réputation d'être violent. Avec la complicité de maman – à laquelle, malheureusement, elle donnait l'argent que je laissais

100

pour faire les courses et qui se transformait immanquablement en héroïne – elle faisait souvent dormir Irfàn à la maison et elle est tombée enceinte. Quand je l'ai su, j'ai frappé Kiran au point de lui faire mal et je lui ai interdit de revoir ce type. Je n'ai rien obtenu si ce n'est qu'elle ne mangeait plus et qu'elle pleurait du matin au soir.

Ma sœur était si décidée à épouser Irfàn qu'il ne restait plus qu'à appeler l'imam. Kiran a mis une belle robe rouge et le mariage a été célébré au milieu des larmes : d'émotion, bien sûr, mais aussi de douleur de ma part. J'étais très liée à Kiran, et l'idée de la voir quitter la maison me faisait souffrir. Sans parler de l'inquiétude de la voir partir dans une famille si différente de la nôtre. L'avenir allait confirmer mes craintes. La belle-mère de Kiran était une femme dure et un jour, elle a même menacé ma sœur avec une chaise ; elle ne la laissait jamais sortir seule et elle a essayé par tous les moyens de l'éloigner de moi... sauf quand il s'agissait de me demander de l'argent, étant donné que Puli à cette époque ne trouvait que des petits boulots précaires.

Cela faisait déjà quelque temps que Nadim et moi avions pris l'habitude de nous retrouver à l'hôtel, et peu avant le mariage de Kiran, nous avons décidé de vivre ensemble. Il a loué un

101

appartement à Clifton, le quartier élégant de Karachi qui donne sur la mer, où Benazir Bhutto avait aussi un appartement. Finalement, mon rêve se réalisait. La maison était grande et belle, il y avait l'air conditionné, trois chambres, trois salles de bains, un grand séjour, une terrasse... Nadim m'a conduite dans un magasin d'ameublement et m'a dit de prendre ce que je voulais. J'ai donc choisi une grande armoire pour ma chambre, avec des miroirs sur les portes, et une lampe: c'était une statue de femme nue, en céramique. Nauman aussi a eu une grande armoire, qui a vite été remplie de jouets. Quant à la chambre de maman, elle était belle avec tous ses coussins par terre. Le quartier était tranquille, j'amenais souvent Nauman faire un tour en vélo, et d'autres enfants nous suivaient avec leurs bicyclettes. C'était une maison gaie. Nauman gambadait partout et dormait là où il en avait envie.

Il y avait pourtant un hic: il fallait constamment que j'aille au commissariat. Au Pakistan, ce n'est pas comme en Italie où on sait tout de suite pourquoi on doit aller au poste de police. Chez nous, on doit y aller même pour des broutilles. Et là, il s'agissait des caprices de l'inspecteur chef. Comme je ne répondais pas à ses avances, il avait fait un rapport pour se venger dans lequel il avait écrit que Nadim et moi faisions l'amour dans la rue. L'accusation était

102

tellement fausse que j'étais convaincue qu'on allait me relâcher le lendemain. Je ne suis rentrée à la maison que quinze jours plus tard.

Au Pakistan, comme dans beaucoup d'autres pays du tiers-monde, la police est très mal payée et donc facilement corruptible. Même le très informé guide Lonely Planet avertit : « Si vous vous retrouvez dans le pétrin, la dernière chose à faire est de vous adresser à la police. »

En avril 2004, un concours pour le recrutement d'agents de police a été suspendu après que plusieurs chômeurs eurent déclaré aux journaux qu'ils avaient déboursé de très importantes sommes, parfois même vendu le mobilier de leur maison : ils s'étaient fiés aux promesses de succès (trois cent soixante-dix-huit postes avaient été offerts pour cinquante mille candidats).

Les policiers pakistanais, outre le fait qu'ils ont des salaires de misère, sont aussi placés – par les récentes lois restrictives en matière de mœurs – dans la condition d'exercer un pouvoir discrétionnaire qui laisse la porte ouverte aux abus. En théorie, par exemple, si un garçon et une fille marchent dans la rue sans être accompagnés par un adulte, ils vont en prison.

La prison a constitué une étrange parenthèse dans ma vie. On m'a mise dans une grande pièce avec quinze autres femmes, des Africaines pour la plupart, qui faisaient du trafic de drogue en

103

la cachant dans leur ventre. Il y avait deux ou trois coins toilette, chaque détenue avait son lit et l'endroit n'était pas trop sale. Je ne peux pas dire que l'expérience a été choquante. Au Pakistan, même les gens honnêtes peuvent se retrouver en prison : il suffit d'oublier de demander l'autorisation de faire une fête chez soi à la police (en laissant naturellement un «pourboire» consistant) et on finit derrière les barreaux.

Au Pakistan, on emprisonne parfois des gens pour les protéger, parce que dehors ils seraient tués. Il s'agit en général de gens riches, et avec de l'argent, on peut vivre en prison comme si c'était chez soi : deux ou trois pièces, air conditionné, femme de ménage, frigo, téléphone portable, alcool et sexe. Dans ce pays, il n'y a pas de lois précises, et s'il y en a, ceux qui ont de l'argent peuvent ne pas les respecter. Il y a quelques années, un homme qui racolait les enfants et les dissolvait dans l'acide après les avoir violés, a été incarcéré. Il en avait tué cent. Il n'est resté en prison que trois ans, puis on l'a remis dehors et maintenant il se promène librement dans le pays.

Pendant la journée, il fallait laver le linge, préparer à manger et décharger la marchandise des camions qui arrivaient au commissariat. Une obligation pour tout le monde, sauf pour moi. De nouveau, grâce à l'intervention de Hemat qui avait lu la nouvelle de mon arrestation dans le journal, j'ai été traitée comme une princesse. Chaque jour, il arrivait avec un panier plein de bonnes choses à manger et de paquets de biscuits qui contenaient de l'argent. Utile par exemple pour éviter le « parloir », une grille de séparation en bois où deux ou trois cents personnes s'entassent en hurlant pour se faire comprendre, en se donnant des coups de coude pour approcher la grille le plus possible. Hemat, mon ange gardien, emmenait tous les jours Nauman en promenade et il m'a aussi donné le million de roupies nécessaire pour ma libération sur caution. Un peu par habitude, un peu par négligence, ce n'est jamais moi qui gardais l'argent que je recevais : au Pakistan, la tradition veut que tout ce dont les jeunes disposent soit au nom des parents. Je n'avais pas de compte en banque car cela ne m'intéressait pas : je donnais tout à ma mère et à ma sœur, en ne gardant que l'argent nécessaire pour m'acheter des vêtements. Malheureusement, ma mère n'étant pas encore sortie de l'héroïne, on ne mettait jamais d'argent de côté.

Pendant mon séjour en prison, j'ai fait la connaissance d'un jeune policier, Badar Khan, un brave garçon qui me faisait les yeux doux. Un samedi soir, après ma libération, je suis allée à Napier Road, chez moi, pour discuter avec deux amies pendant quelques heures comme j'en avais parfois l'habitude. En chemin, nous

105

avons rencontré Badar avec l'un de ses amis. Nous avons dîné ensemble et nous ne nous sommes quittés que tard dans la nuit, sans que rien ne se passe. Badar était un homme simple et très digne. Il n'aurait jamais osé prendre la moindre initiative. Il était pauvre, parce qu'il ne faisait pas partie du groupe des «pourboires», mais ne se plaignait jamais. Il était au contraire toujours de bonne humeur et prêt à rigoler.

Quand je suis rentrée à la maison, Nadim était réveillé et de très mauvaise humeur.

— Où étais-tu?

— Je bavardais avec mes amies, Badar et l'un de ses amis.

La conversation était en train de tourner à la scène de jalousie.

— Qu'est-ce que vous avez fait?

— Rien. Il ne s'est absolument rien passé. S'il y avait quelque chose entre Badar et moi, j'irais vivre avec lui.

— Tu n'es pas assez belle pour que tous les hommes aient envie de vivre avec toi.

— Tu en es sûr? Je vais te montrer!

Pleine de ressentiment, je suis descendue dans la rue, et depuis un téléphone public, j'ai appelé Badar.

— Veux-tu m'épouser?

Silence stupéfait à l'autre bout du fil. Puis, d'une toute petite voix:

— Qu'est-ce que tu racontes ? Tu plaisantes ou tu es devenue folle ?

— Réponds-moi juste oui ou non.

— Je fais tout ce que tu veux.

Victorieuse, mais encore furieuse contre Nadim, je suis retournée à la maison, j'ai pris Nauman et, sans même faire une valise, je suis allée chez Badar.

La maison de Badar était pauvre, comme je m'y attendais, mais sa famille était plus pratiquante que je ne l'avais imaginé. Le père était un vieil homme, avec une barbe blanche, et il avait deux femmes, une plus âgée que l'autre. La plus jeune était la maman de Badar. Il avait deux frères, une sœur et un demi-frère. Les femmes portaient la *burqa* pour sortir et toute la famille priait cinq fois par jour.

Un mariage aussi soudain ne pouvait pas être du goût d'une famille si traditionaliste, mais à vrai dire, ils ont tous été gentils avec moi : l'un des frères est allé appeler un *mullah*, la sœur m'a prêté une robe rouge et a recouvert mes cheveux d'un voile, rouge lui aussi. Je commençais à avoir des crampes d'estomac à cause du pas aventureux que je venais d'accomplir. Les autres préparaient le repas de noces pendant lequel Badar et moi allions manger dans le même bol. Les trois témoins de la mariée et ceux du marié ont été choisis parmi les membres les plus

107

proches de la famille de Badar. Le *mullah* est arrivé peu après, il a récité les versets du Coran et a conclu : « Vous voilà mari et femme ».

Peu après, je me suis regardée dans le miroir : j'étais pâle comme un linge.

J'étais consciente d'avoir agi sur un coup de tête, par dépit. Qu'est-ce que j'ai fait ? Que va dire ma mère ? Elle va se mettre en colère car j'ai épousé un homme pauvre ! Et comment vont le prendre les parents de Badar qui voulaient qu'il épouse sa cousine ? C'est une fille très pratiquante, qui porte la *burqa* : comment pourront-ils jamais accepter une danseuse ? Je ruminais, très inquiète, mais la gentillesse dont j'ai été entourée ce jour-là, la douceur de Badar la nuit, l'accueil affectueux des femmes du quartier qui m'ont offert de l'argent ont atténué mon angoisse.

Lorsque je me suis levée, le lendemain matin à neuf heures, la sœur de Badar était en train de laver du linge à la main : il n'y avait pas de lave-linge dans la maison. Elle m'a souri et m'a présenté l'un de ses vêtements : il était rouge.

— Non, aujourd'hui, en gris et en blanc, ai-je dit.

— Comment ? Le lendemain de ton mariage ?

Elle était stupéfaite, mais a poliment accepté de m'apporter une autre tenue.

108

Un autre frère de Badar a lui aussi été très gentil avec moi et m'a aidée avec Nauman. Il l'accompagnait à l'école tous les matins. C'était une école coranique, une *madrasa* sunnite, et cela me gênait un peu puisque je suis chiite. Mais je pensais qu'aller à l'école était bon pour mon fils et cela résolvait un petit problème : j'avais pris l'habitude, et ce depuis des années, de dormir toute la matinée, contrairement à eux qui se levaient tous à sept heures.

Badar a pris des vacances pour passer le plus de temps possible avec moi. J'étais bien avec lui, parce qu'il essayait par tous les moyens de me plaire et de me satisfaire. Il était – et est toujours – un homme bon et honnête, et donc pas très riche. Il n'avait pas de voiture, juste une mobylette avec laquelle il m'emmenait au jardin public, où il me lisait des poèmes d'Iqbal que je ne comprenais pas.

Allama Mohammed Iqbal, poète (il écrivait aussi bien en ourdou qu'en farsi, la langue parlée en Iran), philosophe, juriste et grand homme politique, est né en 1877, quand l'Inde comprenait les territoires qui deviendraient par la suite le Pakistan et le Bangladesh et qu'elle était encore sous le joug anglais. Il a obtenu une maîtrise à l'université de Lahore (dont l'aéroport porte son nom depuis peu) et a ensuite étudié à Oxford et à Munich. Rentré en Inde en 1908, il a adhéré à la All India Muslim League *et est devenu un militant actif, tandis que sa renommée de poète se répandait. En 1930, il a prononcé un célèbre discours à Allahabad dans lequel le rêve d'un État islamique indépendant a été exposé pour la première fois à la foule en délire.*

Iqbal est mort en 1938, neuf ans avant que son rêve ne se réalise dans un effroyable bain de sang. Au cours de la « Partition », la division entre l'Inde et le Pakistan, un million de personnes environ sont mortes dans des massacres dont la barbarie a été autant le fait des hindous que des musulmans, six millions se sont déplacés d'un pays à l'autre, et le 14 août 1947, à minuit, le Pakistan, la « Terre des Purs », acronyme de Pendjab, Afghan, Kashmir, Sind, auquel a été ajouté stan *qui signifie « terre », est né.*

Les efforts de Badar pour paraître moderne et sa façon d'adopter les manières des classes aisées m'amusaient : devant moi, il appelait sa mère « Mum », à l'anglaise, mais dès que je m'éloignais, il repassait à l'ourdou « Ma », comme il l'avait toujours fait. Pour faire quelque chose qui me plaisait comme, par exemple, aller dîner dehors, il ne prêtait pas oreille aux critiques de sa famille. Une fois, il a bien failli risquer gros : il est revenu à la maison avec une cassette vidéo de *Pretty Woman*. Nous l'avons regardée, enfermés dans la chambre à coucher, le son baissé, comme deux conspirateurs. Dans le cinéma pakistanais, les baisers sur la bouche sont inter-dits et tous les films occidentaux sont censurés. Les films pakistanais parlent beaucoup d'amour, mais ne montrent jamais rien. Imaginez la tête qu'aurait faite le père de Badar s'il avait décou-vert que nous regardions un film si scandaleux! Toujours à l'insu de mes beaux-parents, nous sommes parfois allés au cinéma «comme il faut», où l'on projette de grands classiques américains. Bien sûr pas dans les cinémas fréquentés par les immigrés les plus pauvres, dans lesquels un film normal est sans cesse inter-rompu par des films pornographiques et où les hommes se consolent avec de jeunes gens qu'ils paient, en rêvant que leur bouche est celle d'une femme.

Malgré la gentillesse des frères et l'amour de Badar, la situation restait difficile, surtout à cause du vieux père : j'avais accepté de porter le voile pour sortir de la maison – «fais-le pour moi» m'avait demandé Badar – mais je ne pouvais plus me maquiller, ni épiler mes sourcils. Je me cachais sur la terrasse pour m'épiler les jambes, qui étaient de toute façon toujours recouvertes par un sari, un *shalwar kamiz* ou des jeans. Je ne voyais rien de mal dans ce petit soin du corps, destiné de plus à ne satisfaire que mon mari. Un jour, ma belle-sœur m'a découverte.

— Si mon père te voit, il te tue, a-t-elle murmuré, apeurée.

111

Au Pakistan, les sunnites représentent 70 % de la population, les chiites 20 %, les chrétiens et les hindous confondus 3 %.

Depuis quelques années, comme dans tous les autres pays de religion musulmane, le respect de plus en plus rigide des préceptes religieux est en train de se répandre, tandis que les écoles coraniques fréquentées par des enfants (uniquement des garçons) habillés en blanc avec un petit turban vert, se sont multipliées. Même dans les classes aisées, où il est habituel que les femmes adultes sortent la tête découverte, les jeunes femmes voilées sont de plus en plus nombreuses : en général, avec juste un léger tissu coloré sur les cheveux, beaucoup plus rarement avec le mortifiant nikab *qui ne laisse découverts que les yeux, voire la* burqa, *qui est répandue dans la province du Nord-Ouest, à la frontière de l'Afghanistan.*

Pourquoi un nombre de plus en plus grand de femmes adopte le hijab quand aucune norme gouvernementale ne l'impose ? À cette interrogation, et à toutes les autres posées par la transformation du peuple pakistanais en une société de plus en plus conservatrice et religieusement organisée, le metteur en scène Sabiha Sumar a essayé de donner une réponse avec le long-métrage Hawa Kay Naam *(Pour une place sous le paradis).*

Comme ce serait aussi le cas par la suite, c'est un geste contre mon fils qui a marqué le point de non-retour. Nauman était un enfant calme et

112

sociable : il était habitué à dormir avec une personne ou l'autre et il avait accepté sans broncher de perdre sa belle chambre pleine de jouets pour vivre dans cette maison, petite et pauvre. Un jour, alors qu'il venait juste de rentrer de l'école et qu'il avait très soif, il a bu l'eau d'un verre qu'il avait trouvé sur la table. Le vieux l'a regardé d'un œil méchant.

— Cet enfant illégitime a bu dans mon verre !

La colère s'est emparée de moi, mais je n'ai rien pu faire d'autre que de baisser la tête.

— Pardon, père.

Cela a été le début de la fin de mon mariage. Il avait tenu un mois.

Lorsque j'ai demandé à Badar de me concéder le divorce, il s'est rebellé et m'a donné une gifle.

— Un mariage ne se défait pas comme ça !

C'était le brave garçon qui parlait en lui, celui qui avait cru que notre union allait durer toute la vie. Au Pakistan, les divorces sont beaucoup plus fréquents qu'en Italie, et en plus il y a le *khula*, le droit pour la femme de demander le divorce sans le consentement de son mari pourvu qu'elle renonce à ses biens. Dans notre cas, évidemment, ce n'était pas un problème.

— Prenons une maison, allons vivre seuls, m'a-t-il proposé.

— Nos vies sont trop différentes, ai-je essayé de lui expliquer patiemment.

— Je viens vivre chez toi.

— Bravo, comme ça ton père me tue. Il ne m'a jamais acceptée. Je suis une danseuse, une femme scandaleuse d'après lui.

Nous avons longuement parlé : sans rancœur de sa part, alors que j'éprouvais beaucoup de douleur, consciente du mal que je lui faisais.

— Ne me quitte pas, je t'en supplie.

— Nous ne nous quitterons jamais complètement, nous continuerons à nous appeler, lui ai-je promis.

Et nous avons tenu notre promesse. Quelque temps après, Badar a contenté ses parents en épousant sa très pieuse cousine : une jeune femme intelligente qui m'appelle *Baah*, la forme de respect que l'on utilise en général pour les belles-sœurs. Je lui ai offert deux ou trois beaux cadeaux et nous avons encore échangé quelques mots, il n'y a pas longtemps.

Le retour à la maison s'est passé en deux temps. J'ai demandé à Badar de faire venir ma mère.

— Je me suis trompée, ai-je admis. Je veux rentrer chez moi.

Je suis donc revenue à Napier Road et là, j'ai téléphoné à Nadim.

— Je veux te voir.

Il s'est mis à rire.

— Bien, bien, je vois que tu t'es déjà fatiguée.

114

— Bon, tu veux venir, oui ou non?

— C'est bon, je viens, je viens.

Il est arrivé avec un énorme paquet de gâteaux. Et nous avons fait la paix.

Il était toutefois impossible que je retourne vivre avec lui. Au Pakistan, quand une femme divorce, elle doit mener une vie retirée pendant quelques mois. À vrai dire, je n'avais pas vraiment divorcé, j'avais préféré la répudiation, pour aller plus vite. L'homme prononce trois fois le mot «Talak» devant des témoins et le mariage est terminé. Il suffit, au bout de quelques jours, de faire valider la fin de l'union devant le tribunal. Mais la loi islamique – qui interdit aux femmes enceintes de divorcer – impose que la femme vive ensuite dans la solitude pendant plusieurs mois, jusqu'à ce qu'il soit évident qu'elle n'attend pas un enfant.

J'ai continué à voir Badar pendant quelque temps, en ami et en faisant bien attention à ne pas lui donner de faux espoirs sur un possible retour. Mais je ne savais pas comment il aurait réagi s'il m'avait vue un soir en compagnie de Nadim. J'ai donc préféré quitter Lahore pendant un moment.

Mes rapports avec Nadim ont continué à être ce qu'ils avaient toujours été: il m'aimait, moi j'acceptais sans enthousiasme sa compagnie. Je continuais à lui faire des plaisanteries féroces (comme le contraindre à boire toute une

115

bouteille de sirop pour la toux, ce qui l'a mis K.-O pendant toute une journée) et lui supportait patiemment mes caprices. Mais la situation a soudain dégénéré à cause de Nauman, qui avait alors presque cinq ans. Un jour, j'ai trouvé mon enfant avec le visage gonflé et tuméfié : quand je lui ai demandé pourquoi il était dans cet état, il est d'abord resté longtemps silencieux, puis il a fini par avouer :

— Nadim m'a frappé.

Nadim, qui était là, a désespérément nié. Mais j'ai cru Nauman, mon enfant si spécial. Pourquoi aurait-il menti ? Je n'ai plus jamais voulu entendre parler de Nadim.

Après être restée de longs mois à l'écart, comme le prescrit la tradition, j'ai recommencé à danser. Un jour, lorsque j'étais à la maison en tee-shirt et en pyjama, Amir, le frère de mon beau-frère Irfàn, est arrivé avec un ami.

— C'est Zahir, il vient de rentrer d'Australie. Il est concessionnaire et il peut s'offrir de nombreux luxes. Il veut faire une fête et t'inviter à danser.

Nous avons donc organisé la soirée. Je me suis fait faire un *shalwar kamiz* de shantung noir, j'ai choisi un maquillage rosé et j'ai mis des lentilles de contact gris-bleu. La fête se déroulait sur un bateau ancré dans le port de Karachi : un bateau immense, à cinq étages, un Titanic moderne ; les

116

invités étaient des couples élégants, les femmes étaient toutes belles. Lorsque j'ai commencé à danser, les hommes se sont mis à crier.

— Kajal, Kajal !

Je me sentais belle et tous ces yeux posés sur moi décuplaient mon énergie. Les yeux d'un homme sur soi transmettent toujours de l'énergie, non ? Ma présence semblait ravir Zahir. Le matin, il m'a raccompagnée à la maison.

— Tu as vraiment de beaux yeux !

Je me suis mise à rire intérieurement.

À Napier Road, où habitent les danseuses de Karachi, les hommes vont et viennent. Le destin des filles est tout tracé : si elles cherchent du travail en ville, elles n'en trouvent pas, alors leur vie est synonyme de danse et de sexe. Tant que la jeunesse dure, la vie est belle, tout est facile, mais ensuite… À cette époque, je gagnais quatre ou cinq mille roupies par soir, soixante-dix euros environ – cela n'a l'air de rien, mais au Pakistan, c'est une grosse somme – et je pouvais vivre convenablement avec ma famille. Je ne sais pas si c'était grâce à mon indépendance financière, mais avec les hommes, j'avais des rapports différents de ceux qu'ils entretenaient avec mes collègues. Un jour, j'ai parié cinq mille roupies avec une amie que l'on pouvait accepter l'invitation d'un homme sans forcément devoir le contenter sexuellement. J'ai toujours aimé parler, discuter et je partageais parfois cette passion

117

avec les clients : avec moi, le sexe n'a jamais été une chose automatique après un dîner. À la fin de la soirée, l'homme a observé :

— Tu m'as fait parler toute la nuit !

Il n'avait pas l'air trop déçu, nous sommes restés amis.

J'ai passé le week-end sur le bateau avec Zahir.

— Je t'aime tant, me disait-il.

— Ce n'est pas vraiment de l'amour.

J'avais presque dix-huit ans à l'époque, je n'avais pas encore rencontré l'amour, mais j'étais sûre de ne pas vouloir me marier. Au Pakistan, le mariage est plein de restrictions. Même la plus innocente des distractions, comme passer une soirée avec ses amies, n'est pas acceptable pour une femme mariée. Et après la brève expérience avec Badar, mon idée fixe était « Vive la liberté ! ». Jusqu'au jour où j'ai rencontré Bilal.

Les bonnes manières

Les couleurs, la délicatesse des gestes, la patience : c'est ce qui frappe le visiteur lorsqu'il arrive au Pakistan.

La couleur est présente partout : sur les vêtements des femmes, sur les murs intérieurs des pauvres maisons en boue des paysans, sur les extraordinaires peintures qui recouvrent entièrement autobus, camions et pousse-pousse. On peut noter la délicatesse des gestes par exemple dans le rituel des salutations, les slalikum *(« salamalecs »), contraction de l'arabe* salaam alaikum, *la paix soit avec toi. Et la patience, à la grande stupeur des Occidentaux, dans le trafic des immenses villes comme Karachi, quatorze millions d'habitants, ou Lahore, six millions : l'indiscipline et les abus de pouvoir que supportent sans sourciller les automobilistes et les innombrables pousse-pousse motorisés, prêts à faire la même chose à la première occasion, sont la norme.*

Les Pakistanais exercent leur patience au quotidien au regard des mille vexations de la police, des

119

militaires, des gardes du corps privés. La présence massive d'hommes armés dans la foule saute aux yeux : en tenue de camouflage et avec une mitraillette, ils font les « vigiles » dans les hôtels, ou gardent les maisons et les bâtiments en shalwar kamiz, *le renflement de leur arme bien en vue sous la tunique.*

Fakhra se souvient aujourd'hui avec indifférence, comme l'une des nombreuses contrariétés qui rythmaient ses journées au Pakistan, de l'arrogance de ces « mercenaires ». Et avec satisfaction du savoir-vivre qui réglait sa vie.

Fini Nadim, ouste les garçons ! J'en ai fréquenté plusieurs, mais il ne s'est rien passé entre nous. Dans le milieu de la danse, ce n'est pas bien vu de sortir avec un jeune homme, qui est souvent pauvre. Une fille est le soutien de plusieurs personnes, et ses relations, comme je l'ai déjà dit, sont strictement contrôlées par la famille. Il est également honteux pour une danseuse de fréquenter le frère d'une autre danseuse : peut-être parce qu'habituellement il est tout sauf riche.

J'avais totalement accepté ce code de conduite. Il me semblait juste et cela ne me pesait pas de me plier aux règles. Les bonnes manières m'imposaient entre autres de toujours dire, quand je recevais une invitation : « Je ne sais pas si maman me laissera y aller ». C'était une façon élégante de quémander de l'argent et je trouvais ça bien de demander sans en avoir l'air. C'était l'usage et tout le monde comprenait. Lorsqu'une connaissance me téléphonait en me disant : « Tu viens prendre le thé avec moi et mes amis cet après-midi ? », je répondais invariablement : « Je ne sais pas si maman serait contente », même si j'étais parfaitement consciente que maman gisait dans les brouillards de la drogue. La voix à l'autre bout du fil répliquait aussitôt : « Oui, bien sûr. Il y aura de l'argent, elle sera contente. »

L'après-midi, c'était la valse des appels téléphoniques. J'étais très sollicitée pour aller danser pendant des fêtes – anniversaires, mariages ou autres – ou simplement pour être présente. On me donnait en général cinq mille roupies, environ soixante-dix euros ; un peu plus si c'était un homme qui m'appelait, un peu moins si c'était une femme, toujours peu disposée à dépenser de l'argent pour ce genre de choses. Je me préparais et priais un ami homosexuel ou l'un des membres de ma famille, voire la femme de ménage, de m'accompagner : une faveur que, naturellement, je devais payer. Au Pakistan, être accompagnée dans la rue est un signe de distinction sociale ; il n'y a que les femmes pauvres qui marchent seules. À Lahore, les riches, ou les gens aisés, ont un garde du corps, parfois plus. À Karachi, c'est une habitude moins répandue. Les gardes ne protègent pas seulement la vie de leur employeur. Je les ai vus plus d'une fois

121

emmener une fille qui n'avait pas voulu faire l'amour avec quelqu'un d'important. Et dans mon cas, comme je l'ai déjà raconté, ils s'étaient bien chargés de venger leur patron.

Napier Road est une route très longue avec de nombreux commerces, la plupart chinois; différents *music centers* qui vendent de la musique à la mode comme de la musique traditionnelle; des échoppes de nourriture; des magasins où l'on achète du lait. La confusion est grande, la saleté aussi. Des fils où passe l'électricité sont suspendus en l'air, presque à hauteur d'homme. Quasiment chaque bâtiment porte un nom, des noms étranges nés on ne sait comment – par exemple «Bulles et autres histoires» – et c'est là que se réunissent les danseuses. Au rez-de-chaussée, il y a les tailleurs qui confectionnent un vêtement en quelques heures et qui font de bonnes affaires parce que les filles de Napier Road aiment souvent se changer. Chaque soir, à huit heures, on fait le ménage, on astique les miroirs et on allume de l'encens. Vers dix heures, les danseuses arrivent. Elles s'assoient sur des coussins en attendant les clients, discutent et boivent du thé, du *chai*, ou parfois du whisky dans des cannettes de Coca-Cola : par prudence, dans le cas d'une descente de police impromptue. La police qui arrive ponctuellement à minuit, en voiture, tout gyrophare allumé, et qui donne le signal de fermeture. Les filles enlèvent leur maquillage et la seconde partie de la soirée commence. On va chez l'une ou chez l'autre, on commande à manger, on joue à *tambòla*, souvent en compagnie d'hommes, ce qui est théoriquement interdit. S'il y a un contrôle des forces de l'ordre, on dit que l'homme est le mari d'une des filles et en général ce dernier donne discrètement un pourboire aux agents. Vers trois heures du matin, mais il est parfois quatre ou cinq heures, la compagnie se sépare. On prend parfois le petit déjeuner ensemble ou bien chaque danseuse rentre chez elle et s'accorde, avant de s'endormir, un *nancholi*, des pois chiches avec du *nan*.

Il m'arrivait parfois de danser juste pour le plaisir. Si un soir je n'avais pas reçu d'invitation, je me joignais à un groupe de musiciens, parfois seulement sitar et tambours, et j'allais avec eux dans une soirée. Ils me payaient peu, deux mille roupies dans le meilleur des cas, mais je m'amusais et passais quelques heures dans une atmosphère joyeuse. Ici aussi, à Rome, j'ai parfois envie de danser et je le fais toute seule, ou avec Nauman qui a un grand sens du rythme. Je danserai sûrement le soir de mon anniversaire présumé, le 31 mai.

Lorsque Fakhra danse, elle redevient belle. Ses longs cheveux noirs dénoués (dans la vie, elle les porte

123

attachés) lui couvrent une bonne partie du visage, encore marqué par l'acide. Son corps mince est comme partagé en deux parties indépendantes : au-dessus de la taille, ce sont les mouvements harmonieux des bras et ceux de la tête qui dominent, de la taille aux pieds, c'est le bassin qui suit la cadence et attire le regard.

Un soir où elle dansait devant des amis de Smile-again, *elle a murmuré en mettant les* gungru, *les clochettes qui rythment la danse : « Au Pakistan, c'est le symbole de la honte. » Étrange position sociale que celle des danseuses : admirées, recherchées, payées – on les désigne alors avec le mot anglais* dancers – *elles sont ensuite repoussées aux marges de la société et condamnées comme des femmes perdues avec le mot ourdou* cangirì.

Quand j'étais au Pakistan, le matin je dormais tard : Nauman allait à l'école tôt, dans un bel établissement privé, réservé à quelques enfants seulement, et il y restait jusqu'en début d'après-midi. Je profitais du calme de la maison pour mettre les disques de mes chanteurs préférés, Jagjit Singh et Lata Mangeshkar, le volume poussé à fond. Ce sont deux grands chanteurs classiques indiens, un homme et une femme : leur chant est merveilleux, non seulement pour la beauté de la musique et de leur voix, mais aussi pour les paroles. Jagjit Singh, comme Lata, est une légende en Inde, au Pakistan, dans les

Émirats, mais aussi à Londres : ce sont eux qui ont donné une deuxième vie au *ghazal*, une poésie mise en musique. Singh, qui est aussi compositeur, dit toujours que la musique doit avoir un message et que celui qui chante a une grande responsabilité vis-à-vis du public. J'aime la musique traditionnelle depuis que je suis toute petite, parce qu'elle est douce et véhicule des mots profonds ; l'agitation de la musique moderne ne m'a au contraire jamais plu. Jagjit Singh comme Lata Mangeshkhar chantent en hindi, l'une des langues parlées en Inde, qui ressemble beaucoup à l'ourdou : je l'ai appris en regardant la télévision parce qu'avec le satellite, dans certains endroits du Pakistan, on peut capter des chaînes indiennes. L'ourdou est la langue de Karachi, ou pour être précis, de la province du Sind. C'est la langue officielle, celle que l'on enseigne à l'école, et c'est aussi ma langue. Maman s'est toujours adressée à moi en punjabi, la langue de Lahore que parlent la plupart des Pakistanais, mais je lui réponds en ourdou. Je parle très mal le punjabi, comme l'italien, je me trompe souvent dans les mots et je fais rire les gens. Tehmina, qui descend d'une grande famille d'origine afghane, outre l'ourdou et l'anglais, parle le pashtun, la langue de Peshawar, la ville qui se trouve à la frontière avec l'Afghanistan. Je connais aussi le farsi, la langue de l'Iran, que maman m'a apprise, et qui

125

l'a elle-même apprise de sa grand-mère qui était d'origine indienne. Comment se fait-il que je connaisse cette langue si différente des nôtres ? Pour ma famille, c'est la langue des secrets, que maman continue à utiliser avec ma sœur et avec moi quand elle ne veut pas se faire comprendre par les autres. Où ma grand-mère l'a-t-elle apprise et pourquoi ? Je ne suis jamais parvenue à le savoir. Il y a un mystère là-dessous.

Depuis qu'elle est à Rome, l'étoile polaire de Fakhra est son fils, Nauman, qui comme dans un jeu de miroirs reproduit ce qu'elle a fait quand elle était petite : donner du courage aux grands. Peu de temps après leur arrivée à Rome, Fakhra, apeurée, seule, incapable de comprendre un traître mot de ce qu'on lui disait, s'est un jour mis à pleurer. Il a jeté ses bras autour de son cou et l'a réconfortée : « Tu verras, nous y arriverons ».

Et c'est vraiment lui qui a aidé sa mère, en apprenant très rapidement l'italien et en lui servant d'interprète quand elle avait encore du mal à comprendre.

Les journées de Fakhra, dans sa nouvelle vie, sont rythmées par les horaires de Nauman – l'école, le foot, les amis – et l'on comprend qu'elle ait voulu lui préparer une belle fête pour son anniversaire. Les autres mères ont été stupéfaites d'apprendre que le coût de la salle était égal à la contribution mensuelle que Fakhra reçoit de Smileagain.

Elles auraient été moins étonnées si elles avaient su combien sont extraordinaires les fêtes privées ou

126

religieuses au Pakistan, et quelle formidable occasion de joie et de gaspillage représente un mariage. Pour les pauvres aussi, qui sont prêts, pour se sentir riches un jour, à hypothéquer leur futur.

Tehmina est une femme courageuse et très décidée. Pour le comprendre, il suffit de la regarder égorger les moutons pendant l'Aid-el-Fitr, ce que j'ai toujours refusé de faire. D'après la religion, l'animal dont nous mangeons la chair doit mourir par saignée et traditionnellement, on lui coupe la gorge à la maison, devant toute la famille. Pour les pauvres, c'est une grande fête parce que ce mouton servira à les nourrir pendant un mois. Pour les riches, c'est différent. Pour eux, chaque jour est une fête. Mais tout le monde respecte la tradition.

Une autre fête importante est celle que l'on célèbre à la fin du muharran. Nous autres, chiites, nous nous habillons en noir ou en blanc, les couleurs du deuil ; nous marchons dans les rues sans chaussures ; nous ne dansons pas et ne faisons pas l'amour. Les sunnites aussi célèbrent cette date, mais moins solennellement. Elle tombe en mars, quand il fait déjà chaud et que les routes se remplissent d'étals qui vendent de l'eau, du lait de vache, d'amande ou de riz, du Sprite et de la nourriture. Les riches paient pour les pauvres. Ainsi, qui n'a pas d'argent peut manger et boire à satiété. Cette forme de solidarité est la règle pour les musulmans et elle a lieu non seulement lors d'événements spéciaux, mais tous les jours autour des tombes des saints, qui sont entourées d'échoppes où l'on frit du poulet, des boulettes de viande ou des légumes. Et il y a toujours quelqu'un qui paie pour celui qui n'a pas d'argent.

La plus belle fête à Lahore et à Kasur, où de nombreux acteurs viennent de loin justement à cette occasion, est celle des cerfs-volants. C'est un rendez-vous avec le printemps, qui chez nous arrive en février. Les prés se remplissent de fleurs jaunes ; les femmes s'habillent en jaune clair et mettent tous leurs bracelets ; on mange, on danse et on joue de la musique dans la rue pendant trois jours ; depuis les terrasses, les adultes et les enfants lancent des cerfs-volants très colorés sur lesquels ils ont travaillé pendant plusieurs mois. C'est une fête pour les yeux, mais c'est aussi une compétition : celui qui parvient à couper le fil des autres et à faire tomber leurs cerfs-volants gagne. C'est pour ça que leur queue est recouverte d'une pâte en verre coupante. À Lahore, quelqu'un qui voulait faire le malin a utilisé du fil métallique, et tout le quartier a été plongé dans le noir quand le cerf-volant a heurté les lignes d'électricité suspendues au milieu des maisons. J'ai su que depuis l'année dernière, il est interdit de lancer des cerfs-volants en ville. Les gens doivent aller à l'extérieur, dans les champs.

Au Pakistan, la fête la plus poétique est Shaberath, le soir des feux d'artifice. Elle a lieu en hiver et c'est l'occasion pour aller allumer une chandelle sur la tombe des morts. Après, on mange des gâteaux en pagaille et on écrit un vœu sur un billet. À Karachi, on va à la mer et on confie les billets aux vagues ; dans les autres villes, je ne sais pas, peut-être qu'on les laisse couler dans le flux des rivières. Si je devais écrire un vœu pour le remettre aux eaux du Tibre, j'écrirais le même mot que j'ai autrefois confié à la mer d'Oman, un mot que j'ai appris à écrire en italien en majuscules : *CASA* (maison).

Ce qui m'a beaucoup étonnée en Italie, c'est de voir combien de temps dure une célébration de mariage : une demi-journée et tout est fini. Au Pakistan, les festivités s'étalent sur une quinzaine de jours au moins. Je parle du mariage religieux, lorsque l'union est une affaire de famille : chez nous, les noces sont presque toujours arrangées par les familles. Même Benazir Bhutto a épousé l'homme qu'ont choisi les siens. Et il n'est pas dit que les mariages arrangés soient pires que les autres : l'amour vient souvent après et la grande fête que l'on fait favorise certainement un bon début.

Les préparatifs commencent quand les fiançailles officielles ont été proclamées : les parents échangent alors visites et repas, et une femme vient spécialement jouer du *tablà*, un tambour, pendant une semaine afin que les voisins sachent qu'un mariage est en train de se préparer. C'est aussi le début d'une compétition à laquelle il est impossible de se soustraire. Les amis et les membres de la famille offrent de l'or et des vêtements, et ne pas rivaliser signifierait perdre la face. Certaines familles sont prêtes à se ruiner pour le mariage de leurs enfants et elles s'endettent souvent beaucoup. Nawar Sharif, le président en place avant que Musharraf ne prenne le pouvoir, avait établi qu'il ne fallait servir que du thé et des biscuits aux banquets de noces. Selon moi, c'était une très bonne idée car il a ainsi mis un frein aux excès et libéré les familles pauvres de ce fardeau. Mais au bout de quelques années, tout est redevenu comme avant.

Iqbal Masih, un enfant devenu célèbre dans le monde entier comme symbole de l'exploitation du travail des mineurs, a été victime d'un emprunt. Iqbal a été vendu lorsqu'il avait quatre ans à un fabricant de tapis : son travail devait servir à payer une dette de six cents roupies, moins de dix euros, contractée par la famille à l'occasion du mariage du fils aîné. Ses minuscules doigts, capables de faire de tout petits nœuds (un tapis est d'autant plus précieux que le nombre de nœuds dont il est composé est important), travaillaient douze heures par jour, mais les intérêts

130

très élevés ne faisaient qu'alimenter la dette. Et le travail forcé d'Iqbal.

En 1992, alors qu'il avait dix ans, il s'est échappé de l'usine avec d'autres camarades pour aller à une réunion du Bondel Labour Liberation Front, *le Front de libération contre le travail forcé. Iqbal a soudain pris conscience de sa condition et a tellement été frappé qu'il s'est levé et a tenu un discours où il décrivait sa vie. Le récit a été repris par les journaux locaux. Iqbal a décidé de ne plus retourner à l'usine, il est entré dans l'une des écoles du Front, a fréquenté quatre classes en deux fois moins de temps et a fait de son mieux pour libérer d'autres enfants esclaves.*

Bien que petit et émacié, Iqbal avait une extraordinaire capacité à communiquer et quand, en 1994, il est apparu dans une émission télévisée américaine et a dit qu'il voulait devenir avocat pour combattre le travail forcé, une université de Boston lui a offert une bourse d'études jusqu'à l'obtention d'une maîtrise, tandis que peu après on lui attribuait le prix Reebok des droits de l'homme, une récompense de quinze mille dollars.

Quelques mois après, au mois d'avril 1995, à la veille de son départ pour Boston, tandis qu'il allait dans son village en bicyclette en compagnie de deux cousins, il a été tué d'un coup de pistolet. Le coupable n'a jamais été retrouvé, mais sa mère s'obstine à accuser la « mafia des tapis ». Aux États-Unis, l'initiative « A school for Iqbal », à laquelle ont adhéré

131

beaucoup d'écoles, recueille des fonds pour libérer les enfants esclaves et leur offrir une instruction.

Quelques jours avant les noces, tout le corps de la mariée est massé avec de l'huile d'amande. Ses amies s'habillent en jaune, alors que le jour où la mariée se fait teindre les mains et les pieds avec du henné, elles s'habillent en vert. Pendant toute la semaine qui précède la cérémonie, la mariée ne doit voir personne, sauf une domestique ou une amie. Elle ne peut recevoir que des messages ou des coups de fil. Elle doit se reposer pour être belle le jour de son mariage. Ce jour-là, elle devra être littéralement recouverte d'or : douze bracelets à chaque poignet, des bagues, des boucles d'oreille, des colliers et sur son front le *binnia*, un bijou qui se prolonge sur les cheveux. La cérémonie est célébrée à la maison, mais la réception a lieu dans un hôtel : une famille aisée invite au moins quatre ou cinq cents personnes. La présence de chanteurs et de danseurs est un passage obligé et les gens mangent et s'amusent jusqu'à l'aube. Les invités s'adonnent à des chorégraphies traditionnelles, comme le *jhoomar* que l'on danse en cercle et en tournant sur soi-même, ou le *ludì*, que les hommes dansent d'un côté et les femmes de l'autre en faisant tinter leurs bracelets. À Lahore, le *bhangrà*, une danse populaire du Pendjab au son des flûtes, des ressorts de fer et du *dhol*, un

132

tambour pendu au cou et aux épaules, est quasiment inévitable. Je l'ai parfois dansé, pas pour me montrer en spectacle mais par plaisir, parce que ces danses sont une véritable explosion de gaieté.

Le repas de noces est l'un des rares moments où tous les membres de la famille mangent ensemble. Au Pakistan, l'habitude de se réunir à table au moins une fois par jour n'existe pas. On cuisine le matin, puis les gens mangent quand ils en ont envie. Il n'y a souvent même pas de table prévue à cet effet dans les maisons, et on s'alimente assis sur des coussins. Ce n'est que chez mon beau-père, Mustapha Khar, que j'ai vu respecter ce qui pour les Occidentaux est une obligation: attendre que tous les membres de la famille soient autour de la table pour commencer à se restaurer.

On n'utilise pas beaucoup les couverts pour porter la nourriture à la bouche, on préfère faire de petits triangles de *nan*, une moelleuse petite galette de froment avec laquelle la main droite (jamais la gauche, ce serait très mal éduqué) ramasse le riz et les autres aliments. Celui qui est habitué à manger ainsi ne se salit pas les doigts et, naturellement, ne les met pas dans sa bouche: les serviettes servent seulement pour s'essuyer les coins de la bouche. Hemat m'a appris à bien manger, en tenant les coudes près du corps, et à parler en société, jamais à voix

133

haute ou en riant grossièrement : de la façon dont on mange, on parle ou on rit, on comprend tout de suite d'où on vient. J'ai appris à converser assez bien et quand il m'arrivait de dire que je n'étais jamais allée à l'école, les gens étaient étonnés. J'ai compris l'importance des mots quand je me suis aperçue qu'il y avait des hommes qui me payaient pour passer la soirée avec eux sans faire l'amour : prendre de l'argent pour aller au lit est chose facile, mais pour discuter... toutes les filles ne peuvent pas en dire autant. Et beaucoup m'enviaient pour ça.

Les Pakistanaises profèrent rarement des gros mots : cela m'arrivait parfois avec Nadim, mais juste avec lui. Je n'aurais jamais osé avec Hemat et je ne l'ai jamais fait devant Bilal. Les hommes en disent, mais d'habitude pas à une femme. Mustafa en prononçait beaucoup, mais il s'adressait au personnel de maison.

Savoir marcher aussi est important et il est évident que l'on ne se déplace pas de la même façon si l'on porte un sari, une paire de jeans ou un *shalwar kamiz*. J'ai pris des leçons pour apprendre à marcher. Mon professeur de danse me faisait marcher une heure par jour sur la pointe des pieds, les bras levés, les doigts entrelacés, avec des *gungru* aux jambes.

Il existe aussi des règles précises pour saluer : avant un voyage, ou à l'arrivée, ou même avant qu'une fille ne commence à danser, il faut toucher le pied et le front de la personne la plus importante ou la plus vieille. Dans les concerts qu'ils font ensemble, c'est Singh qui touche le pied de Lata. Quand je suis allée pour la première fois chez les Khar, Alì, l'un des fils de Tehmina, s'est penché pour me toucher le pied et m'a appelée *Bhabi*, mot avec lequel on s'adresse à une personne à laquelle on veut manifester un profond respect. Et dire qu'Alì n'a qu'un an de plus que moi : mais il accueillait alors la femme de son frère aîné, Bilal.

Slalicum est le salut quotidien que la personne la moins influente adresse à la personne la plus importante ou la plus vieille. Seuls les hommes s'échangent des poignées de main, et une Pakistanaise serait très gênée si un étranger lui tendait la main. Se tenir par la main en public n'est admis qu'entre personnes du même sexe et n'a absolument pas le sens particulier que cela a ici, en Italie, lorsque ce sont deux hommes qui le font.

Une nuit où j'étais seule à la maison, quand j'habitais encore à Napier Road, j'ai entendu des hurlements désespérés provenir d'un appartement voisin. Il était environ trois heures du matin. J'ai couru pour voir ce qu'il se passait et j'ai trouvé une fille qui s'était brûlé le visage avec de l'huile bouillante. Ses sœurs, prises de panique, ne faisaient qu'ajouter leurs cris aux siens. J'ai pensé que la seule chose à faire était de la conduire le plus vite possible à l'hôpital. J'ai appelé le frère de mon beau-frère Puli et il m'a accompagnée en voiture aux urgences les plus proches. Mais c'était une institution privée et ils ne pouvaient pas l'hospitaliser tant que la nature de l'incident n'avait pas été éclaircie. Fortuit ou intentionnel ? Trouver des témoins était trop long. J'étais convaincue que la moindre minute comptait. Nous sommes donc remontés en voiture et nous sommes allés au *Civil Hospital*. Là, nous avons eu la chance de rencontrer un docteur qui nous a rassurés : la brûlure n'était pas très étendue, la jeune femme allait guérir. La pauvre était terrorisée, elle ne voulait plus lâcher ma main, puis elle a lentement repris ses esprits. Vers cinq heures, sa famille est arrivée. Je me préparais à rentrer à la maison quand, par curiosité, j'ai demandé au docteur de me montrer la chambre stérile des grands brûlés. Je me suis avancée sur le seuil de cette grande pièce, mais j'ai tout de suite rebroussé chemin, bouleversée par ce que je venais de voir. Il faisait déjà jour quand je me suis endormie et j'ai rêvé que les femmes brûlées de l'hôpital m'appelaient : « Viens avec nous ».

Dans mon rêve, je m'échappais, effrayée, mais il était prémonitoire. Un jour, j'entrerais moi aussi dans cette salle du désespoir.

Fakhra attribue une grande importance aux rêves, qui pour elle sont une fenêtre ouverte sur le futur. Lorsqu'on lui dit que les rêves révèlent juste ce qui est caché au fond de notre âme, elle est perplexe, un peu incrédule.

Sa grande certitude, son confort, est la religion, qu'elle a toujours pratiquée dans un esprit de syncrétisme serein. « Dieu est unique, dit-elle, même s'il porte des noms différents. » Elle n'a jamais entendu parler de fondamentalistes islamistes (qui d'ailleurs n'est qu'une expression occidentale : dans les pays musulmans, on dit « très religieux » ou « terroristes »), mais au mot « Taliban », elle s'exclame : « mamma mia ! ». Et elle trouve juste que le président Musharraf ait décidé d'agir par la force contre les combattants qui se nichent dans la province du nord-ouest, à la frontière avec l'Afghanistan : ça ne l'intéresse pas de savoir qu'il a reçu en échange un milliard de dollars des États-Unis et l'annulation de la dette extérieure. Parce que Fakhra ne sait pas (et cela n'a jamais été déclaré officiellement) que la générosité des États-Unis, qui a soudain fait de Musharraf un pivot de la politique internationale, est due à leur crainte de voir les fondamentalistes proches d'Al-Qaida mettre la main sur la bombe atomique pakistanaise.

Quand j'étais déjà mariée avec Bilal, j'ai fait un autre songe : je jouais avec un crocodile. Une de mes amies m'a dit :

— Le crocodile, c'est Bilal. Sa famille est une famille de crocodiles : fais attention, Fakhra.

137

Malheureusement, je ne l'ai pas écoutée. Même si maintenant je me dis que fuir Bilal était inutile, il m'aurait retrouvée même au bout du monde.

Peu après mon arrivée en Italie, il s'est passé quelque chose de formidable. J'étais à l'hôpital, après la première opération, celle qui m'a permis de lever la tête. L'intervention a duré dix heures, et les nuits suivantes, je n'arrivais pas à dormir à cause de la douleur que les calmants ne parvenaient pas à atténuer. Une nuit, pendant que les autres femmes de la chambre dormaient, je regardais le crucifix qui était sur le mur juste devant mon lit. À un moment, j'ai vu Jésus se détacher de la croix, venir vers moi en souriant et me caresser légèrement les jambes : j'ai ressenti une grande paix et je me suis tranquillement endormie. Lorsque j'ai raconté cet épisode à ma mère, elle m'a dit que je devais aller le plus rapidement possible allumer un cierge dans une église.

À la même époque, j'ai fait un autre rêve de nature religieuse. Je me voyais aller toute seule dans la chapelle de l'hôpital : il faisait nuit et tout le monde dormait. Une femme avec un long vêtement blanc venait vers moi. Je me disais : « J'ai déjà vu cette femme », puis j'ai compris : c'était la Vierge. Soudain, toujours en rêve, je me suis retrouvée dans ma chambre d'hôpital et la femme en blanc est venue vers moi, les mains pleines de fleurs qu'elle a posées sur la commode. « Pourquoi ? » ai-je demandé. « Tu verras » a-t-elle répondu en souriant. Le lendemain, une sœur est entrée avec un bouquet de fleurs qu'elle a placé sur la commode.

— Pourquoi ? ai-je demandé.

— Parce qu'aujourd'hui, c'est la fête de la Vierge, m'a-t-elle répondu.

À présent, je prie toujours la Vierge parce que c'est une mère, elle peut comprendre ce qui se passe dans mon cœur. Maintenant plus que jamais, parce que j'ai Nauman, qui est toute ma vie. Mais quand j'étais au Pakistan, je priais aussi Bibi Mariàm, la mère de Jésus que nous considérons comme l'un des grands prophètes. Nous l'appelons « Madame Marie », nous n'osons pas l'appeler seulement « Mariàm ». J'ai toujours été fidèle aux figures féminines qui, j'ai l'impression, font preuve de plus de compassion. Après l'incident, avant de venir en Italie, je suis allée avec Nauman, Nisha et Zermina, qui sont la fille et la sœur de Tehmina, sur la tombe de Bibi Pakhdamna pour demander une autre vie et un autre visage, et elle me les a donnés. Je n'aurai plus jamais la beauté, mais ce visage aussi me convient. Je prie souvent Jésus et dans ma chambre, ici, à Rome, j'ai mis son image ; mais je n'ose pas le regarder, mes yeux se remplissent de larmes dès que je les lève vers lui. Sous ce petit tableau, j'ai accroché une plaque d'argent qui porte en caractères arabes le nom d'Allah.

Lorsque j'étais au Pakistan, le jeudi était pour moi un jour très important : pour nous, les chiites, c'est le jour de la prière. Vers cinq heures de l'après-midi, je prenais une douche et me préparais comme si j'allais à une fête, j'envoyais quelqu'un acheter du lait en quantité et des gâteaux pour les pauvres et je les emmenais au *mazar* Ghazi Abdullah Shah. J'enlevais mes chaussures au pied du grand mausolée en pierre blanche et montais, montais vers le ciel. Dans la pièce où se trouve la tombe du saint, des employés répandent sans jamais s'arrêter des pétales de roses ; comme les autres fidèles, je prenais une poignée de ceux qui étaient tombés sur les drapés brodés qui recouvrent l'endroit où est conservé le corps et je les mangeais. Ce petit rite du jeudi était un point de repère dans ma vie, je me serais sentie coupable si je ne l'avais pas respecté ; et pourtant, certaines personnes trouvaient ma dévotion étrange. Et maman, les jours où elle ne pouvait trouver la paix parce qu'elle était en manque, me disait :

— Tu crois vraiment que Dieu te pardonne, toi qui vas avec les hommes ?

Elle savait comment me faire saigner le cœur.

Bilù et Patò

Quand maman me disait des horreurs, je me sentais seule et une grande sensation de froid m'envahissait le cœur. La même émotion m'habitait quand, après avoir décidé de faire un tour à la campagne, j'arrivais avec de l'argent et des gâteaux pour les paysans, qui au Pakistan sont toujours très pauvres, et qu'ils me regardaient avec curiosité, comme si j'étais une bête rare. Quelqu'un finissait toujours par tenir des propos insultants.

— *Cangirì*!

L'idée que quelqu'un veuille me faire du mal sans raison me laissait sans voix.

Qui me voyait danser, les yeux cernés de kajal, les cheveux dénoués sur le dos et les bras recouverts de bracelets, n'aurait probablement jamais imaginé que j'étais cette même jeune femme perdue qui quelques heures auparavant se giflait, en proie au désespoir.

Maman se mettait souvent en colère contre moi, car ce que je lui donnais ne la satisfaisait

jamais, et elle était toujours prête à me soupçonner :

— Tu couches avec les hommes gratuitement !

Et moi j'étais en colère contre elle à cause de
la façon dont elle se comportait avec mon frère.
Ce n'était plus une mère et son fils. Une complicité obscène les unissait, à cause de la drogue.
Chacun mendiait à l'autre un peu de poudre :

— Donne-moi un peu de la tienne, je n'en ai
plus.

L'autre refusait en disant qu'il ou elle en avait
trop peu et ils attendaient alors l'homme qui
vers six heures du soir leur apportait l'héroïne
à la maison. Ou ils se mettaient à rire pour des
bêtises, comme des enfants irresponsables, ou
comme des fous. Sans la moindre dignité. Sans
même éprouver le besoin de se laver, de se coif-
fer. Toujours entourés par l'horrible odeur de
l'héroïne brûlée.

Voilà pourquoi, dans un désert de solitude, je
m'enfermais dans ma chambre et me giflais.

Je voyais rarement Hemat, mais il était
toujours prêt à dépenser le nécessaire pour
Nauman. J'avais heureusement beaucoup
d'amis et de connaissances qui m'aidaient à trouver du travail et à ne pas rester seule le soir.

C'est justement une connaissance qui un jour
m'a dit :

— Je connais un homme très important, je
veux te le présenter.

142

Au bout de quelques jours, il a téléphoné pour me demander d'aller à une soirée, mais je n'étais pas libre, j'avais promis de me rendre à la fête d'anniversaire du fils de l'une de mes amies. Il a insisté. J'ai finalement promis que j'irais, mais pas pendant toute la soirée. J'ai mis une jupe et un haut noir, très mignon, et je me suis présentée en compagnie d'une amie grande et belle, Shàzia. Dans le hall du grand hôtel où nous avions rendez-vous, des gardes armés nous ont arrêtées.

— Vous ne pouvez pas monter.

Mais après avoir parlé avec l'un des occupants de l'appartement dont j'avais le numéro, ils nous ont tout de suite accompagnées à l'étage. Dans la suite, à part mon ami, il y avait une femme d'âge mûr qui procurait les filles, et un autre homme. Quelques minutes après, Bilal est entré : il était pieds nus. Il était grand et habillé en blanc. Un bel homme, vraiment.

J'ai tout de suite pris les devants.

— Je ne peux pas rester. J'ai promis d'aller à l'anniversaire d'un enfant.

— Si vous le permettez, je vous accompagne, *haji* (mademoiselle).

— Si vous le souhaitez...

La personne que je connaissais et Shàzia avaient rapidement sympathisé et s'étaient mises à l'écart dans l'autre pièce pour faire l'amour. La femme et l'autre homme sont partis. Bilal et

143

moi sommes donc restés seuls. Il a allumé la télévision, moi mon téléphone portable, et l'heure de partir est bien vite arrivée. Il a appelé son chauffeur et nous sommes montés en voiture. Avant de sortir, il s'est changé et s'est habillé en noir. Il voulait qu'on soit assorti. Intriguée par cet homme gentil et important, je lui ai demandé quel était son travail.

— Je suis à la tête d'une agence à l'aéroport de Lahore. Je suis venu à Karachi pour quelques jours, pour affaires.

En chemin, il a préparé une enveloppe avec trois mille roupies pour l'anniversaire du petit : beau geste. Puis nous nous sommes arrêtés pour manger un morceau dans un fast-food de Clifton et il a donné cinq cents roupies à un pauvre : cela m'a beaucoup plu. Il a ensuite acheté un grand bouquet de roses pour moi : que pouvais-je désirer de plus ?

Je suis restée plus ou moins dix minutes à la fête, tandis qu'il m'attendait dans la voiture. Je suis tout de suite revenue, j'avais peur qu'il soit déjà parti. Il était heureusement encore là. Nous sommes rentrés à l'hôtel, Bilal m'a mis un billet de dix mille roupies dans la main. À cet instant, mon téléphone portable s'est mis à sonner et Bilal a entendu la voix d'un homme au bout du fil.

— Ah, vous parlez à d'autres hommes ? m'a-t-il demandé, vexé.

Je lui ai immédiatement rendu l'argent qu'il m'avait donné et je l'ai salué.

— Excusez-moi, *haji*, je ne voulais pas vous mettre en colère.

— Vous avez juste envie de faire l'amour.

— Vous ne pouvez pas dire ça. Je vous assure que ce ne sont pas les femmes qui manquent.

— Je veux m'en aller. Je n'accepte pas que quelqu'un décide à ma place de la façon dont je dois vivre.

Bilal s'est alors soudainement mis à me tutoyer en prenant une voix douce.

— Fakhra, calme-toi, je ne veux pas faire l'amour à tout prix. Tu as l'air d'un petit singe en colère.

J'ai souri.

Il était très tard, nous avons bu un bon Black Label et nous avons décidé d'aller dormir : j'ai utilisé l'un de ses tee-shirts, qui m'arrivait presque aux genoux, comme chemise de nuit et j'ai dormi la tête dans le creux de son bras. Nous n'avons pas fait l'amour et nous n'avons même pas échangé un baiser. Le matin, quand je me suis réveillée, il regardait la télévision.

— *Good morning, Madam!* m'a-t-il dit joyeusement, en m'embrassant sur le front. Tu veux prendre ton petit déjeuner ?

J'avais une faim de loup, mais ce n'était pas éduqué de le montrer, alors je me suis limitée à demander du lait et des biscuits.

145

— Tu veux rester ici, avec moi?

J'avais très envie de lui dire oui tout de suite, mais ça ne se fait pas.

— Je ne sais pas si maman serait très contente...

De toute évidence, Bilal connaissait cette formule.

— Fais-lui porter de l'argent et tu verras qu'elle sera contente.

Je me suis encore fait prier pendant un moment, puis j'ai accepté, en envoyant à maman vingt mille roupies parce que Bilal a voulu payer le matin, l'après-midi et le soir. Dans l'après-midi, son chauffeur m'a conduite à Clifton pour faire du shopping : j'ai acheté des vêtements, des sandales et du parfum. Pour lui, j'ai choisi une eau de Cologne un peu amère : *Cool Water*.

J'en garde une bouteille sur ma commode. Le soir, je m'en verse un peu dessus et je repense à ces premiers jours.

Quelle malchance! Mes règles sont arrivées juste ce jour-là.

— Je vais demander à une amie très belle de venir, ai-je dit à Bilal, gênée.

— Ce n'est pas la peine, j'aime être avec toi.

Mais, qui sait pourquoi, j'ai insisté et j'ai appelé Shabò, une cousine très grande et plantureuse. Je suis allée dormir dans la salle de séjour et j'ai beaucoup bu pour ne pas sentir la morsure de

146

la jalousie. Le lendemain matin, Bilal est venu, il m'a prise dans ses bras et m'a déposée sur le grand lit, entre eux deux. Je n'étais pas d'humeur à m'amuser et peu après j'ai dit: « J'y vais », même si je n'avais absolument pas envie de m'en aller. Shabò a proposé à Bilal de rester, mais il a répondu qu'il avait des choses à faire. Ma cousine et moi sommes donc parties et chacune est rentrée chez soi.

L'ennui, c'était que ma maison ne me plaisait plus. Elle me paraissait sombre. Je n'avais pas envie de rester avec Nauman, ni avec maman, ni avec les autres. Alors que j'aurais aimé parler avec quelqu'un, raconter ce qui était en train de m'arriver. Mais je savais que c'était inutile. Dans la meilleure des hypothèses, ils m'auraient trouvée ridicule. Dans certaines familles, les frères frappent une fille qui s'amourache. Il paraît même qu'une très belle danseuse, Nadra, qui a aussi été actrice, a été tuée par son garde du corps, sur mandat de sa propre mère, parce qu'elle était tombée amoureuse, voulait se marier et changer de vie.

Le soir même, Bilal m'a appelée.

— Tu viens ?

Je lui ai dit que j'étais désolée, mais que j'étais invitée à une soirée. Ce n'était pas vrai, mais une femme ne peut pas montrer à un homme qu'elle est disposée à se laisser piétiner. Le lendemain matin, mon téléphone portable a de

147

nouveau sonné. J'étais sur le balcon, j'ai vu le numéro sur l'écran, mon cœur battait. J'ai long-temps laissé sonner, puis j'ai répondu.

— Pourquoi ne viens-tu pas chez moi ?

Cette fois, j'ai dit oui. J'ai enfilé un *shalwar kamiz* blanc et je suis allée acheter quelque chose à manger : des *nan*, des pois chiches, de la poule, des prunes, des mangues et du raisin. Il s'est mis à rire lorsqu'il m'a vue arriver à l'hôtel avec mes gros sacs : une danseuse ne se déplace jamais avec des sacs de courses. Aucune femme ne le fait, à moins qu'elle ne soit vraiment pauvre : il y a toujours quelqu'un qui porte ses paquets pour elle. Il m'a confessé des mois après qu'il avait ri parce que ces mangues provenaient justement de ses terres. J'étais déjà tellement folle de lui que je ne pensais qu'à son bien-être, à lui faire goûter tout ce qu'il y avait de bon à Karachi.

Cet après-midi, ses amis sont arrivés. Nous n'avons pas eu beaucoup de temps pour rester seuls, mais de temps en temps, Bilal me deman-dait :

— Quel genre de maison aimerais-tu avoir ? Et les rideaux, de quelle couleur ? Et la chambre à coucher, comment la voudrais-tu ?

Le soir, je suis retournée chez moi et pendant plusieurs jours, je n'ai plus eu de nouvelles. J'étais très triste et j'avais très envie de l'appe-ler, mais j'ai résisté. Au bout d'une semaine

148

finalement, nous nous sommes revus. Et nous avons fait l'amour. Nous sommes restés à l'hôtel deux jours, en ne mangeant quasiment rien et en passant la nuit à regarder des films indiens.

En Inde et au Pakistan, à notre époque, s'embrasser est devenu tabou. Les produits de Bollywood, l'industrie cinématographique indienne, se sont alignés sur la sévérité des mœurs, introduite au Pakistan en 1980 par les lois islamiques connues sous le nom de Hudood Ordinance. *Depuis longtemps, dans les films indiens, qui dominent le home vidéo pakistanais (la programmation publique de films produits en Inde, pays ennemi, est interdite), on ne s'embrasse plus. On se regarde, on soupire, on se tient les mains, on se caresse les cheveux, mais les baisers sur la bouche, ça non ! C'est un fruit interdit auquel on peut goûter en regardant, en cachette des membres les plus intransigeants de la famille, une vidéocassette ou un DVD américain.*

Les films produits à Bollywood pour le marché intérieur exhibent de splendides images et de merveilleuses jeunes femmes, des histoires mielleuses ou sinistres d'amours trahis et de vengeance, le tout confectionné avec un montage si lent que le film est invendable sur le marché occidental. En revanche, dans ces films, se dessine ce qui est, ou ce que l'on aimerait qu'il soit, un modèle de vie respectueux de la tradition et pourtant moderne. Les parents sont toujours respectés, même quand ils ne comprennent

149

pas les exigences des jeunes; les jeunes hommes étudient et vont à l'université; parfois, les jeunes filles travaillent et vivent seules. La violence des thrillers américains est absente, mais l'on assiste souvent à des gifles sonores pour de banales divergences de points de vue, distribuées aussi bien par les hommes que par les femmes.

Tout s'est très bien passé. Il me faisait rire et il était très tendre avec moi.

— Tu es comme un petit oiseau. Si je tire très fort sur ton bras, je pourrais presque te l'arracher.

J'avais honte, je couvrais mon visage avec le drap, je ne voulais pas qu'il voie mon corps : lui si grand et si beau, moi petite, maigre et avec la peau tellement plus sombre que la sienne. J'avais peur qu'il se moque de moi. Au contraire, Bilal était délicat. Il n'avait pas d'exigences sexuelles bizarres, il m'enlaçait par-derrière tandis que j'étais pelotonnée comme un bébé dans le ventre de sa mère. Le temps volait. J'étais triste à l'idée de rentrer à la maison. Ce n'était pas juste une question de sexe, Bilal aimait parler, nous regardions des films ensemble. Je n'arrivais pas à croire qu'il me préfère, avec toutes ces belles filles disponibles ; un coup de téléphone aurait suffi pour en avoir une.

Lorsqu'il a voulu faire du shopping, nous sommes allés ensemble à Tariq Road, une rue élégante où tout est très cher. Bilal s'est acheté des vêtements, des lunettes de soleil et des chaussures. Pour moi, il a pris un parfum, deux *shalwar kamiz* et une très grosse peluche, un panda.

Je suis parfois retournée à l'hôtel. C'était son chauffeur qui venait me chercher, ou l'ami commun qui lui aussi s'appelait Bilal et qui nous avait présentés.

— Quand tu n'es pas là, Bilal tourne en rond comme un lion en cage.

Sur le moment, je n'ai pas prêté beaucoup d'intérêt à cette observation.

— Nous allons à une fête, chez Bilal.

Et il m'a conduite dans une maison toute neuve, exactement comme j'avais dit que je la voulais : la chambre à coucher avait des rideaux et de la moquette gris perle, des meubles noirs brillants, modernes, et devant le lit, un meuble bas avec la télévision et la stéréo. L'ami m'a dit que Bilal, en l'espace d'une semaine, avait fait repeindre la façade de l'immeuble, qu'il voulait toute blanche, pour me faire une surprise.

Grâce à lui, mon rêve était devenu réalité.

Ces choses, naturellement, me faisaient plaisir, mais ce n'est pas pour autant que j'ai pensé qu'il était amoureux de moi : je savais parfaitement que la passion d'un homme pour une

151

femme peut être passagère. J'étais très attirée par lui : et pourtant, je ne sais pas pourquoi, je me méfiais. J'avais compris que Bilal était riche et puissant, mais il ne me parlait jamais de son travail. J'avais appris qu'il avait vécu en Grande-Bretagne pendant quinze ans, mais il ne m'avait presque rien raconté de sa vie. Un soir où j'étais occupée par ailleurs, je lui ai proposé de lui envoyer une autre fille : au début, il a refusé, puis il a fini par accepter. Il m'a ensuite affirmé qu'ils n'avaient pas fait l'amour, mais je ne l'ai pas cru. Un après-midi, lorsque je suis arrivée chez lui, je l'ai trouvé en train de boire avec une femme d'âge mûr très sexy, qui habitait l'appartement d'en face. Je l'avais déjà vue et j'étais convaincue qu'il y avait quelque chose entre eux deux. Il a dit qu'il allait la raccompagner chez elle – à deux pas – mais au bout de deux heures, il n'était toujours pas de retour. Je suis rentrée chez moi et quand il m'a appelée pour me demander de revenir, je lui ai dit que je ne me sentais pas bien. Le soir même, une amie m'a invitée à l'accompagner à une fête et là, j'ai rencontré Bilal. Gênée, je me suis enfuie, il m'a aussitôt téléphoné en insistant pour que j'aille chez lui. J'ai cédé. Quand je suis arrivée, il était très en colère.

— Tu m'as trahi ! a-t-il dit, en me giflant très fort.

152

J'ai pensé «Maintenant ça suffit» et pendant une semaine, je n'ai plus répondu à ses coups de fil. Puis notre ami commun a appelé pour me dire que Bilal allait très mal. Je suis allée chez lui et nous l'avons conduit à l'hôpital où on nous a dit que ce n'était que les conséquences d'une cuite colossale.

À ce moment du récit de sa vie à Karachi, Fakhra s'interrompt pour écrire sur son portable, en grandes lettres majuscules, ce bref message que l'on a copié pour elle : «Dear Bilal, your calls upset me. I do not hate you but I prefer not to hear from you. Please do not call again.» (*Cher Bilal, tes coups de fil me dérangent. Je ne te déteste pas, mais je préfère ne pas avoir de tes nouvelles. S'il te plaît, ne m'appelle plus.*)

Cet après-midi, alors que Fakhra essayait de recomposer les morceaux de son passé, son téléphone portable s'est mis à sonner. Un coup d'œil sur l'écran et elle a tout de suite rejeté l'appel. Elle était inquiète. «C'est Bilal» a-t-elle dit. Peu après, le bref sifflet d'un SMS a résonné et un message est apparu sur l'écran : «Roses can cry, rivers can dry, you can forget but how can I?» (*Les roses peuvent pleurer, les rivières s'assécher, tu peux oublier, mais moi, comment pourrais-je ?) Ce n'était pas la première fois qu'il lui envoyait ce petit message : le même était arrivé la semaine précédente. Cet après-midi, le téléphone portable de Fakhra (qu'elle n'éteignait pas car*

153

Nauman n'était pas à Rome) sonna plusieurs fois. Elle semblait perdue : une enfant au milieu de la tempête. Cette prière – s'il te plaît, ne m'appelle plus *– n'avait servi qu'à lui laisser quelques jours de trêve. Au bout de quelques jours seulement, les coups de fil et les SMS ont recommencé à semer l'inquiétude dans l'esprit d'une jeune femme dont la tête refusait ce que son cœur n'avait pas complètement renié.*

Il y avait des fêtes tous les soirs chez Bilal, et quand j'avais un peu bu, j'avais toujours envie de danser, mais il se mettait à faire la tête, il voulait que je ne danse que pour lui, la porte fermée. Et il m'interdisait aussi de parler à ses amis.

— Je n'aime pas la façon dont ils te regardent. Tu es venue pour moi. Tu es mienne.

Il n'aimait pas non plus que je me mette à parler avec une autre jeune femme. Un jour où j'étais dans la cuisine avec une amie, il m'a prise dans ses bras et m'a conduite dans la chambre à coucher. Il a dit une chose qui sur le moment m'a émue :

— Je suis très seul, quand je te prends dans mes bras, je me sens fort et je ne suis plus seul.

J'ai par la suite appris qu'il avait trois fils et qu'il s'était déjà marié quatre fois. À l'époque, je n'avais pas la moindre idée de qui pouvait être Bilal. J'avais compris qu'il était riche, qu'il était instruit et qu'il parlait l'anglais comme un Britannique. Ce n'est que quelques jours après notre mariage que j'ai découvert qu'il était le fils de Mustafa Khar, l'un des plus grands seigneurs feudataires du Pakistan.

Je ne croyais pas, ou du moins pas complètement, aux déclarations d'amour de Bilal, mais je n'arrivais tout simplement pas à me passer de lui et je n'avais plus envie de danser pour d'autres hommes ou de rencontrer mes amies. Au bout de deux mois que nous nous fréquentions, un soir où nous étions en compagnie d'autres personnes, Bilal m'a demandé :

— Veux-tu m'épouser ?

— Oui, oui, ai-je répondu en riant, convaincue qu'il plaisantait.

Un soir où il avait trop bu – quand il buvait, Bilal devenait méchant ou tendre, à la recherche d'affection –, il m'a raconté l'histoire de sa mère, Safyia Niasi. Quand Mustafa, le père de Bilal, était marié avec elle, une belle hôtesse de l'air, et peut-être jaloux des coups d'œil que les passagers pouvaient lui adresser, il lui avait demandé de quitter son travail et l'avait envoyée vivre à la campagne. Une demeure avec toutes les commodités et de nombreux domestiques, mais loin de Lahore, de sa famille et de ses amis. Au bout de quelques mois de solitude, Safyia s'était laissé consoler par le frère de son mari et ensemble, ils s'étaient enfuis à Londres. Bilal avait alors huit ans.

— Tu te rends compte de ce qu'elle a fait? J'avais honte devant toute la famille. Nos femmes ne peuvent pas faire ce genre de chose!

Au fond de son cœur, il ne lui avait pas encore pardonné, même s'il l'avait vue à Londres quand Mustafa, alors marié à Tehmina, avait dû s'installer en Grande-Bretagne, en exil politique.

Safyia et le *chacha* (l'oncle) de Bilal ont vécu ensemble pendant dix ans, puis il est mort et elle est rentrée à Lahore où j'ai fait sa connaissance après mon mariage avec Bilal. Elle m'a accueillie gentiment, nous avions de la sympathie l'une pour l'autre, elle m'a même téléphoné récemment, à Rome. Quand je repense à certaines choses qu'elle m'a dites à propos de Bilal, je me demande si ce n'était pas pour me mettre en garde.

— Tu es la seule femme qui ose parler devant Bilal, a-t-elle observé quand elle nous a vus ensemble.

Sur le moment, je n'ai donné aucune importance à cette phrase, mais elle m'est revenue à l'esprit quelque temps après en étudiant le comportement des domestiques. Quand Bilal appelait l'un d'entre eux, il arrivait en courant, puis murmurait la tête baissée: «*Jeeh, sahib*» – oui, monsieur – en attendant les ordres d'un air effrayé. Quand il voulait être aimable avec un

156

domestique, Bilal l'apostrophait : « Idiot, est-ce que tu as mangé ? »

— Comment se fait-il qu'ils aient autant peur de toi ? lui ai-je un jour demandé.

— C'est notre culture, m'a-t-il répondu en me fermant le bec. Safyia m'a raconté un épisode bien plus inquiétant : à Londres, Bilal s'était disputé avec une fille et il l'avait frappée jusqu'à lui faire sortir du sang des yeux.

Malheureusement, lorsque l'on tombe amoureux, on est sourd et aveugle et ça ne sert absolument à rien que quelqu'un essaie de nous faire entendre raison.

Je croyais au contraire aveuglement à tout ce que Bilal me disait. Au cours d'une autre soirée où il s'était laissé aller aux confidences, il m'avait raconté qu'il avait eu deux femmes (en réalité, il en avait eu quatre) et qu'il avait deux enfants (trois en vrai). Sa seconde femme, Ruxane, était aussi sa cousine, car la mère de Ruxane, la cousine et la première femme de Mustafa, avait épousé en secondes noces un frère de Mustafa avec lequel elle avait eu Ruxane et d'autres enfants. Bilal m'a raconté qu'elle avait essayé de l'empoisonner.

— Mon pauvre chéri, comme tu as dû souffrir ! ai-je répondu, naïvement.

J'étais follement amoureuse, c'est vrai, mais je craignais toujours autant le mariage. Et je continuais à me sentir coupable à la seule idée de me marier : c'était quelque chose que je ne pensais faire que pour mon bonheur, un geste d'égoïsme donc. Je savais qu'une fois devenue épouse, je ne pourrais plus pourvoir aux besoins de ma famille avec autant de facilité. D'autre part, je ne voulais pas perdre Bilal. À aucun prix.

C'est peut-être justement parce que j'étais profondément indécise qu'un matin, j'ai oublié d'aller me marier. Bilal m'avait prévenue :

— Rendez-vous demain à dix heures au tribunal. On se marie.

Je ne l'avais peut-être pas pris très au sérieux, ou j'étais peut-être allée me coucher trop tard, et c'est pour ça que j'avais dormi toute la matinée, mon téléphone portable éteint.

Après ce rendez-vous manqué, Bilal s'est fâché et pendant un moment, il n'a plus été question de mariage. Mais je m'apercevais jour après jour que notre histoire était solide : l'attitude de ses amis avait changé vis-à-vis de lui, ils ne faisaient plus de plaisanteries vulgaires, du moins pas en ma présence, ils ne lui passaient plus les coups de téléphone de filles et ils m'appelaient *Bhabi*. Un soir, Nisha, la fille de Tehmina à laquelle il était (et est encore) lié par une grande affection, m'a appelée.

— Je t'en prie, épouse-le, mon frère est raide dingue de toi.

158

Mais ce qui m'a le plus frappée, c'est qu'il a tenu à en parler à maman. Elle a voulu que Bilal achète une maison à mon nom et qu'il place également une forte somme d'argent en banque au nom de Nauman et une autre au mien. Il l'a promis, mais dès que nous sommes sortis, il a manifesté son embarras.

— Comment puis-je faire tout ce qu'elle me demande en quelques jours seulement ?

Comme on peut l'imaginer, j'ai tout de suite répondu que l'argent ne m'intéressait pas, que seul l'amour comptait, etc., etc. Et j'ai terminé en concluant :

— On se marie et c'est tout.

Le jour du mariage, un matin d'été, je me suis lavé le visage, j'ai endossé un *shalwar kamiz* couleur crème et je suis allée au City Court, le tribunal. Tout s'est déroulé très rapidement, en quelques minutes, puis nous sommes allés dans une étude privée pour régulariser notre union devant un mullah.

— En cas de divorce, combien voulez-vous ? m'a-t-il demandé.

— Ce que veut la mariée, a répondu Bilal à ma place.

— Rien, je ne veux rien. D'ailleurs, pourquoi ce mariage devrait-il se terminer ?

Il m'a offert une bague avec un diamant et un gros bouquet de roses rouges. Je suis donc devenue Mme Malk Bilal et nous avons été mari et

159

femme. Ou plutôt : je suis devenue la femme d'un homme qui ne m'avait pas encore dit comment il s'appelait. Pour ce que j'en savais alors, j'étais devenue madame Bilal. Je croyais en effet que c'était son nom de famille, il ne m'avait pas dit qu'il était un Khar, nom que tout le monde connaît au Pakistan, car c'est l'une des familles les plus puissantes du pays. C'est un ami de Bilal, Zen, qui un soir m'a ouvert les yeux.

— Sais-tu que ton mari est le fils de Mustafa Khar ?

Bilal a ri et m'a demandé :

— Tu es contente d'être la belle-fille de Mustafa ?

— Écoute, je t'ai épousé pour être ta femme, pas la belle-fille de Mustafa.

Pour moi, nous étions seulement Bilù et Patò, les surnoms que nous nous étions donnés aux premiers jours de notre amour.

Comme je l'ai déjà dit, lorsque l'on tombe amoureux, on ne raisonne plus, mais bien qu'amoureuse, je n'étais pas complètement soumise. Le soir même de notre mariage, nous devions aller dîner avec l'un de ses amis et j'ai mis un ensemble à l'occidentale, avec une jupe qui m'arrivait aux genoux.

— On voit tes jambes ! s'est-il exclamé, scandalisé.

— Bon, ça veut dire que je reste à la maison.

160

Et c'est ce qui s'est passé. Je suis même retournée chez moi, pour être un peu avec Nauman, qui avait alors six ans. Je n'avais pas parlé de mon mariage à maman, ni à ma sœur et mes amies : je savais qu'elles n'auraient fait que me critiquer, voire m'insulter.

Bilal était un peu en colère à ce sujet.

— C'est incroyable ! Tu es ma femme et tu ne le fais savoir à personne !

Il était inutile de lui expliquer la différence de mentalité entre son monde et celui de la danse. J'essayais donc de naviguer entre ce qui lui semblait juste et ce qui semblait juste à ma famille. Quand j'ai finalement dit à ma sœur que je m'étais mariée, elle a cru que je plaisantais.

— Mais si, je t'assure, c'est vrai.

— Mais comment as-tu pu te marier, toi qui as un enfant ?

Ses paroles ont renouvelé mon inquiétude : je n'étais pas du tout sûre d'avoir fait le bon choix en épousant Bilal, mais j'espérais être encore capable de tout arranger.

J'ai essayé en amenant Nauman vivre avec nous, chez Bilal. Ils avaient déjà fait connaissance. Nauman avait reçu un gros bonhomme en peluche et Bilal lui avait fait préparer une pièce spécialement pour lui. Nauman n'a pas protesté, mais je me suis vite aperçue qu'il n'était pas content : je l'avais arraché à *sa* maison, où il pouvait rester avec la tante qui l'avait éduqué

161

et qui vivait un étage au-dessus. Dans le quartier Defence, où nous habitions, il restait souvent seul : lorsque Bilal était à la maison, j'étais avec lui et Bilal n'était pas le type d'homme à perdre du temps avec les enfants.

Bilal était souvent à la maison. Ses engagements professionnels étaient rares et il ne m'avait jamais expliqué de quoi il retournait, mais ça ne m'étonnait pas : Hemat aussi allait rarement au bureau. Lui, comme tous les gens importants, envoyait les autres travailler et recevait en retour de nombreux cadeaux, parfois des objets en argent avec son nom, Hemat, gravé dessus.

Bilal était terriblement jaloux. Il contrôlait tous mes faits et gestes, et n'avait pas confiance en ce que je lui disais. Lorsque j'allais chez le coiffeur ou chez l'esthéticienne, il ne m'appelait jamais sur mon portable, mais sur le téléphone du salon, pour vérifier si j'étais bien là.

Un soir, je jouais avec Nauman dans sa chambre en compagnie de mon cousin Ranah : nous attendions le retour de Bilal, heure à laquelle Nauman aurait dû aller au lit. Mais le temps passait et Bilal ne rentrait pas, alors petit à petit nous nous sommes tous les trois endormis. C'est Bilal qui m'a réveillée au milieu de la nuit.

— Viens dans la chambre.

Et là, sans ajouter un mot, il a commencé à me frapper. Après, comme ça allait être souvent le

162

cas, il s'est mis à pleurer et m'a demandé pardon. Il a dit que la présence d'un homme dans la pièce où je m'étais endormie lui avait fait perdre la tête. Je lui ai pardonné, nous avons fait la paix, et quand maman m'a demandé comment je m'étais fait mon œil au beurre noir, je lui ai répondu que Nauman avait tiré maladroitement une balle de base-ball.

Une femme pakistanaise

Entre un baiser et l'autre, « agrémentés » de quelques gifles, nous vivions à Karachi dans un monde en dehors de la réalité : une longue lune de miel pimentée par des disputes, c'est vrai, mais aussi par de nombreux moments de bonheur. Bilal était très possessif.

— Ne te maquille pas, ne parle pas autant, ne me quitte jamais, même pour une minute.

C'était un comportement normal pour un mari pakistanais. Nous vivions en vase clos et, mis à part Nauman, nous avions coupé les ponts avec nos familles respectives. Il y avait pourtant un problème : Bilal n'avait plus d'argent.

— Allons à Lahore, il faut que je parle à papa.

Il avait l'air inquiet. J'ai tout de suite compris que l'idée de lui dire que j'étais une danseuse l'effrayait.

J'ai préparé une valise avec deux robes, j'ai confié Nauman à ma sœur et j'ai passé l'argent que m'avait donné Bilal à maman. J'étais prête à partir pour un court voyage, je ne savais pas que dans la tête de Bilal il s'agissait d'un déménagement. J'ai appris par la suite qu'il avait cédé la maison de Karachi à nos amis.

À Lahore, nous avons habité pendant une vingtaine de jours à l'hôtel. Je ne savais pas que nous ne pouvions pas aller chez lui – partie intégrante de la résidence de Mustafa – parce que Ruxane, sa quatrième femme, y habitait encore. Une femme chanceuse, cette épouse/cousine : la seule que Bilal n'ait jamais osé frapper car les conséquences de la colère de sa puissante famille pouvaient être terribles. Bilal est retourné vivre avec elle après mon départ pour l'Italie et ils ont eu un autre enfant, mais ensuite Ruxane est partie, je ne sais pas pourquoi. Elle a emmené le dernier-né avec elle, tandis que les deux premiers, un garçon et une fille, sont restés avec la mère de Bilal.

Quelques jours après notre arrivée, nous sommes allés passer un week-end à Islamabad. C'était bien : il pleuvait, nous parlions et nous riions. C'est là que Bilal a commencé à être encore plus strict sur ma façon de m'habiller.

— Mets un châle, je ne veux pas que quelqu'un voie les bras de ma femme.

Je disais « d'accord » parce que j'étais heureuse et parce que j'aimais être près de cet homme important qui me donnait la sensation d'être protégée. Je n'osais pas lui demander, par peur

166

de le déranger, quand il me présenterait à son père, et je n'osais pas non plus lui dire que la distance qui nous séparait, mon fils et moi, me faisait beaucoup de peine.

Au début de l'an 2000, le Pakistan est un pays suspendu entre le passé et le présent. Un pays où le Moyen Âge coexiste avec le troisième millénaire. À court terme, on ne sait pas qui l'emportera, du poids de la tradition ou du vent du renouveau, c'est-à-dire de la justice sociale et des libertés personnelles, en particulier pour les femmes. Mais ce que l'on perçoit au Pakistan, c'est la sensation d'une insupportable injustice pour des cas qui autrefois étaient archivés avec un « on a toujours fait comme ça » résigné.

Un exemple : le karo-kari, le crime d'honneur. Une ancienne loi tribale autorise, entre autres, à tuer quelqu'un qui se marie contre la volonté de sa famille. Le cas de Ghulam Mustafa Solangi, quarante-sept ans, dermatologue, et Amnat Solangi, quarante-quatre ans, gynécologue, a notamment fait beaucoup de bruit. Le mariage, célébré avec la permission de la mère de la mariée, n'avait pas obtenu l'accord de ses frères, qui considéraient Amnat comme une source importante de revenus pour la famille. Une réunion de la jirga – le conseil des vieux chefs de tribu, en théorie interdit par la loi – avait autorisé les frères à tuer les deux époux, qui refusaient de divorcer. Les Solangi, contraints à vivre dans la clandestinité après un attentat manqué, ont participé en 2004 à une

167

émission télévisée au cours de laquelle le ministre de la Justice a promis de les protéger et a annoncé une proposition gouvernementale de révision des lois islamiques et l'assimilation du crime d'honneur au crime prémédité.

D'Islamabad, nous sommes allés à Merin, un lieu merveilleux à 1900 m d'altitude, au milieu des montagnes où vivent encore des léopards des neiges. Il est interdit de chasser ces animaux, désormais très rares, mais il est possible de les guetter, dans l'espoir d'en voir un de loin. De toute façon, Bilal n'avait pas du tout envie de chasser. Il a fait ouvrir la discothèque deux heures avant l'ouverture, nous avons dansé, heureux de notre solitude. Il m'a conduite au terrain de jeux pour enfants. Nous parlions et nous nous amusions. Tout était prétexte à rire, comme quand j'ai laissé tomber un verre de milk-shake au milieu du restaurant rempli de clients élégants. Bilal était probablement flatté de voir à quel point son influence me surprenait : sur la route, tout le monde le saluait, les gens qui le connaissaient l'appelaient par son nom, les autres lui témoignaient du respect. La famille Khar avait donné du terrain à la municipalité de Merin pour en faire un lieu de vacances. Depuis, un hélicoptère était toujours prêt à décoller, à la disposition de Mustafa.

À Islamabad, j'ai acheté un parfum pour Nisha, la sœur bien-aimée de Bilal – demi-sœur pour être tout à fait exacte –, qui m'avait téléphoné à Karachi pour me convaincre d'épouser son frère. De retour de Merin, elle est montée avec nous en voiture pour un bref trajet jusqu'à Lahore. Dès qu'elle m'a vue, elle s'est exclamée: « *How cute!* » (Comme elle est jolie!). Nous avons tout de suite ressenti de la sympathie l'une pour l'autre, un sentiment qui nous lie encore aujourd'hui. Je lui suis de plus très reconnaissante pour tout ce qu'elle a fait pour moi après.

Dans les familles riches, au Pakistan, on parle anglais. Les parents envoient leurs enfants étudier dès que possible en Grande-Bretagne, aux États-Unis ou au Canada, et ils reviennent avec une préférence pour la langue et les sports de ces pays. Ce n'est pas un hasard si le Pakistan possède l'une des plus fortes équipes de cricket du monde et accueille un célèbre tournoi international de polo. Bilal et sa mère dialoguaient en anglais même en ma présence, alors qu'ils venaient peut-être juste de finir de parler en ourdou avec moi. Je comprenais, en entendant les noms qu'ils prononçaient, qu'ils parlaient de jeunes filles. Je me suis toujours demandée si c'était une façon de m'exclure de la conversation ou, peut-être, de la part de Safyia, de souligner la différence de classe qui nous séparait.

Mis à part ce détail, la mère de Bilal m'a reçue cordialement. Notre première rencontre a eu lieu à l'hôpital. Un soir, Bilal est rentré à l'hôtel, inquiet.

— Maman ne va pas bien, elle a été hospitalisée. Allons la voir !

J'étais à la fois contente et émue. Contente parce que Safyia avait déjà fait un geste aimable vis-à-vis de moi en m'envoyant un sac, une robe et un parfum ; émue comme n'importe quelle jeune fille pakistanaise qui rencontre pour la première fois la mère de son mari. J'ai mis un châle sur ma tête en signe de respect et je me suis adressée à elle en la vouvoyant et en l'appelant « *auntie* ». Safyia m'a répondu en me tutoyant. Je l'ai trouvée sympathique, moderne, ouverte. Nous sommes restés avec elle toute la nuit.

Le lendemain matin, Ali, le plus jeune des fils de Tehmina, est arrivé. Il m'a saluée avec déférence en m'appelant « Bahbi », mais Bilal a préféré la dérision.

— Tu as vu comme ma femme est noire !

— C'est une très jolie fille, a galamment répondu son frère.

Quelques jours après, la première femme de Bilal, Bobo, est venue rendre visite à Safyia avec leur fille Arush, qui avait alors dix ans. Elles étaient toutes les deux très belles : grandes, élégantes, modernes. Bilal est sorti de la pièce

170

quand elles sont arrivées et Arush n'a adressé qu'un sourire fuyant à son père. Ils n'ont pas échangé le moindre mot. J'ai eu l'occasion de revoir Bobo chez Tehmina, où Safyia est allée vivre quand elle est sortie de l'hôpital. Une femme non seulement belle, mais également instruite, avenante, de bonne famille. Sa séparation d'avec Bilal s'était-elle donc si mal terminée qu'elle ne lui adressait même plus la parole ? Je n'osais demander d'explications à personne, mais la peur s'était nichée au fond de mon cœur.

Si la glace avait été rompue avec la mère, avec une sœur et un frère de Bilal, et surtout avec Tehmina (qui avait tout de suite dit à Bilal d'aller chez elle si nous avions des problèmes), il n'y avait en revanche rien de nouveau du côté du père. Bilal me disait parfois qu'il allait à la chasse avec Mustafa parce qu'il voulait lui parler de moi, mais je savais que ce n'était pas vrai. D'ailleurs, quand il rentrait, il ne soufflait jamais mot sur ce qui s'était passé. Mon mari était le fils préféré de Mustafa, et son père lui avait pardonné même lorsqu'il avait dilapidé de très importantes sommes d'argent en caprices. Mais cette fois, Mustafa s'était entêté et avait coupé les vivres à son fils. Il lui avait même lancé un ultimatum.

— Quitte d'abord cette fille.

Bilal résistait, mais il n'était pas très endurant. Un soir, à l'hôtel, il m'a appris que nous n'avions plus d'argent.

171

C'est à cette période que j'ai commencé à fumer du haschisch, remède à bien des maux.

Le problème était pourtant toujours là et un matin, Bilal m'a annoncé que nous allions habiter dans la maison de l'une de ses femmes de ménage. Je ne voulais pas le déranger avec mes questions, ni l'abandonner alors qu'il traversait un moment difficile à cause de moi. Au bout de quelques jours, je lui ai dit que je n'en pouvais plus. Il a alors commencé à chercher une maison. D'un côté, j'étais contente, de l'autre de plus en plus inquiète parce que je voyais s'éloigner le jour de notre retour à Karachi. Ma sœur m'avait raconté que Nauman était triste et qu'il demandait toujours quand sa mère rentrerait.

Un soir, j'ai finalement trouvé le courage de parler à Bilal et de lui expliquer pourquoi j'éprouvais tant de tristesse. Il a été affectueux et m'a embrassée.

— Donne-moi un peu de temps et tu verras que tout finira par s'arranger.

Il partait le matin, à la recherche d'un logement, mais il ne voulait pas que je l'accompagne. Il a trouvé un appartement dans le quartier arboré de Defence : une salle de séjour, deux chambres, un grand balcon. L'ameublement était réduit au strict minimum : un matelas par terre, quelques coussins, quelques meubles pour la cuisine et un magnétophone qui appartenait à Safyia. Themina nous a prêté de l'argent, puis

172

cela a été au tour de Safyia de payer le loyer et de nous donner de l'argent pour manger.

Là aussi, il y a eu des jours avec et des jours sans, de tendres moments et des paroles amères, des larmes et des baisers. Je passais la matinée, et parfois la nuit, au chevet de ma belle-mère à l'hôpital, mais le reste de la journée me semblait terriblement long. Bilal était affectueux. Ensemble, nous parlions, nous riions, nous prenions notre douche, nous sortions le soir tard pour prendre un milk-shake. Nous fumions parfois du haschisch, une drogue légère qui donne faim et rend heureux. Les soirs où Bilal avait acheté du cannabis, il faisait aussi les courses et préparait à manger. J'avais d'habitude beaucoup moins d'appétit que lui, mais quand j'avais faim, il était heureux et me disait « *mashalà* » (ça fait du bien). Bilal cuisinait bien.

— Patò, Patò, que veux-tu pour le petit déjeuner ?

Il me préparait souvent des champignons accompagnés de piment ou des fruits à la crème. Et il m'appelait « petit oiseau », « poulette » ou « petite casse-pieds » si je protestais pour une raison ou pour une autre. Si j'étais triste, il venait derrière moi et m'embrassait.

— Je sais que Nauman te manque, mais tu verras que les choses vont changer. Quand tu dors, je te parle, ajoutait-il.

173

Il voulait toujours que nous nous endormions enlacés parce qu'il se sentait seul.

Je ne regrettais pas les vêtements ni les bijoux, j'en avais eu tellement. J'étais prête à manger tous les jours du *dal rotì*, du pain et des lentilles, le plat le plus pauvre des démunis pakistanais : j'aimais Bilal et être avec lui me suffisait. Je trouvais pourtant étrange qu'à trente-sept ans Bilal dépende encore de son père. Lorsqu'il avait été élu au Parlement, il avait bien travaillé. Il paraît qu'il avait aidé beaucoup de gens. Mais quand nous avons connu des temps difficiles et que nous avons dû changer de maison pour en prendre une plus petite, avec une seule pièce, il n'a jamais essayé de chercher du travail.

Bilal était aussi terriblement jaloux et il avait de drôles d'idées sur ce qu'une femme de la famille Khar peut ou ne peut pas faire. Il n'aimait pas que je donne un coup de main à la jeune fille qui de temps en temps venait faire le ménage à la maison.

— Mme Bilal ne fait pas ces choses-là !

Si je sortais sur le balcon, il observait sévèrement :

— Nos femmes (il voulait dire les femmes Khar) ne s'exposent pas de cette façon. Tu es une femme de Napier Road, tu as eu trop de liberté.

— Tu le savais, je ne suis pas une bonne sœur.

174

C'étaient des réponses comme celle-là qui effrayaient Safyia.

— Ne réponds pas à Bilal, me recommandait-elle.

Je ne pouvais pas sortir sans lui. Une fois où j'étais allée seule dans un salon de beauté près de la maison pour me faire retoucher les sourcils, il m'avait frappée. Il était jaloux des médecins de l'hôpital, qui, selon lui, me regardaient ; jaloux du mari aux cheveux gris de l'une de ses amies plus âgée que nous, chez qui nous étions allés dîner, parce qu'il m'avait regardée avec trop d'attention ; jaloux d'une nièce lesbienne de Safyia. Et si je me maquillais, il soupçonnait que j'attendais quelqu'un. Il m'interdisait de voir les amies et les membres de ma famille que j'avais à Lahore. Une seule fois, Bilal a accepté d'aller dîner chez une cousine, Badjiba, la femme de l'homme politique.

Notre seule distraction était d'aller de temps à autre, ensemble naturellement, chez Tehmina, où habitait alors la mère de Bilal. Un jour, nous l'avons accompagnée à Faisalabad, la ville où vivait alors sa sœur. Dans cette maison, j'ai été traitée comme une dame et j'aurais été heureuse de rester quelques jours de plus, mais je n'avais pas compté sur la présence d'un cousin de vingt ans. La nuit, Bilal, en pleurant, m'a dit que ce garçon m'avait regardée et qu'il ne pouvait pas le supporter. Nous sommes rentrés à Lahore.

175

Bilal m'imposait une vie de prisonnière. Ça m'irritait et je mourais d'ennui, mais cela n'avait rien de scandaleux au sein d'un mariage pakistanais. Dans mon pays, une bonne épouse doit se plier aux désirs de son mari ; l'attendre à la maison ; ne jamais sortir ; ne pas découvrir ses bras, et encore moins ses jambes en portant une robe à l'occidentale ; ne parler que si on l'interroge et surtout sans jamais lever les yeux s'il y a des inconnus. Et si parfois il la frappe, elle se doit d'être patiente.

Il y avait, c'est vrai, des éléments qui me mettaient en garde. La femme qui habitait à l'étage d'en dessous me disait :

— Qu'est-ce que tu attends pour le quitter ? Dans quelques années, ce sera lui qui te quittera pour une femme plus jeune, ou simplement différente. Et toi, tu ne pourras plus redevenir danseuse.

Dans un contexte de forte discrimination à l'égard des femmes (dont le témoignage au tribunal vaut la moitié de celui d'un homme depuis 1980, par exemple), il existe au Pakistan une myriade d'associations féminines, alors que des milliers de petites fourmis actives parviennent, malgré tout, à acquérir leur indépendance et du prestige dans leur métier respectif ou dans l'enseignement, rarement dans le commerce.

Shirkat Gah, *expression qui signifie « lieu de participation »*, *fondé en 1975 comme collectif féminin*, *a aujourd'hui des bureaux à Lahore, Karachi et Peshawar. Il organise des formations, des actions de solidarité et publie d'intéressantes recherches dans l'intention de « servir de pont entre la réalité de la vie des femmes et la politique ». Le WAF –* Women's Action Forum *– a vu le jour à Lahore en 1981, dans le but de faire obstacle à la* Hudood Ordinance, *et a aussi des bureaux à Islamabad et à Karachi. Le Sawnet –* South Asian Women's Network *– a un site où l'on discute des problèmes et des requêtes des femmes de toute la zone du Sud-Est asiatique.* Women Living under Muslim Laws *promeut « de l'intérieur » les luttes des femmes de toutes les communautés et de tous les pays musulmans. Outre ces associations les plus célèbres, il en existe d'autres qui encouragent le financement, avec un système de micro-crédit, des petites entreprises féminines, qui défendent les intérêts des femmes dans le secteur de la santé et de la reproduction, ou qui appuient les requêtes des bisexuels et des lesbiennes, gèrent les rapports entre passionnés de cricket, etc.*

Safyia se démenait pour trouver un travail à Bilal.

— Tu verras, tu verras, me disait-il toujours, tout va changer maintenant.

Mais rien ne changeait. Il était toujours sans travail, ne s'intéressait qu'à la chasse et nous

177

n'avions toujours pas d'argent. Je m'énervais, nous nous disputions et nos rapports se détérioraient, mais notre mariage était encore solide. Au lit, nous faisions la paix.

Un jour, un ami de Bilal, Balosh, est venu nous voir. C'était un policier du Sind que Bilal avait autrefois aidé. Évidemment, il était impossible de l'accueillir dans la seule pièce où nous habitions. La voisine de l'étage du dessous a proposé de l'héberger, mais Balosh a été frappé par les conditions de vie dans lesquelles nous nous trouvions et il a insisté pour que nous rentrions à Karachi. Humilié, Bilal a dû avouer qu'il n'avait pas l'argent nécessaire pour payer les billets. C'est Balosh qui les a achetés, et après dix-sept heures de train, nous sommes arrivés à Karachi, où pendant quelque temps nous avons habité dans sa pauvre maison qui n'avait même pas de cuisine.

Au bout de quelques jours, nous avons loué un studio avec une petite cuisine et une salle de bains. Une fois les rideaux posés, la télévision branchée, un matelas et quelques coussins installés, c'est devenu « chez nous ». Mais je n'étais toujours pas satisfaite : il manquait mon fils Nauman dans cette maison. Bilal ne m'avait pas encore permis de le voir parce qu'il ne voulait pas m'accompagner à Napier Road.

— Donne-moi encore une semaine, implorait-il.

178

Une semaine de plus est passée. Le vase a débordé et nous nous sommes disputés. Cette fois, Bilal a cédé.

— Téléphone et dis-leur de venir avec Nauman au restaurant Village.

La soirée a été pleine d'émotions. Kiran était en colère contre moi car je ne téléphonais pas depuis des mois. Je ne pouvais pas dire devant Bilal qu'on me l'interdisait. Nauman se taisait et ne voulait pas manger. Je me suis mise à pleurer. Au milieu du silence, la petite voix de Nauman a résonné:

— Maman, je veux rester avec toi. Puli me tape.

Nauman me regardait droit dans les yeux. En entendant ces mots, Bilal aussi m'a dévisagée. Je l'ai fixé d'un air interrogatif: «On va le mettre où?» demandaient mes yeux.

— Bon, ça va, a dit Bilal, en regardant l'enfant.

J'ai ressenti un grand élan d'amour à cet instant.

Nauman est venu habiter chez nous avec le seul et unique vêtement qu'il portait: sans jouet, sans vélo, sans rien de son petit monde d'avant. Mais je me souviens des jours qui ont suivi comme de moments heureux: Bilal l'avait tout de suite inscrit à l'école et il allait le chercher à la sortie, je les attendais à la maison et je jouais avec Nauman, en essayant de vaincre sa timidité et son goût pour le silence.

179

Au bout d'une semaine, une autre tempête a éclaté. Nauman dormait dans notre lit et Bilal voulait faire l'amour.

— Il dort.

— Il pourrait se réveiller, ai-je rétorqué.

Mais il était difficile de s'opposer à la volonté de Bilal. Il lui était déjà arrivé de conclure ce genre de discussion par une gifle violente. Et une nuit, il est arrivé ce que je craignais : Nauman s'est réveillé. Quel moment horrible ! J'ai eu l'impression de revivre ce que j'avais vécu, quand maman ramenait des hommes à la maison, mais en sens inverse. Je me suis levée, j'ai pris Nauman et je suis allée à Napier Road chez Auntie Shàzia, la tante de Nazia, une femme énergique. Peu après, Bilal est arrivé en larmes. Il a supplié Nauman de me convaincre de revenir. Il a dit que j'étais un don de Dieu et qu'il ne voulait pas me perdre, qu'il respecterait ma volonté, etc., etc. Contre l'avis de Shàzia, je suis revenue : avec Nauman, naturellement.

Peu à peu, Bilal a recommencé à voir ses amis. L'un d'eux était Aziz Baloch, le chef de la police municipale. Il a été étonné de voir l'endroit où nous habitions.

— Vous ne pouvez pas continuer à vivre ici !

Il a insisté pour que nous allions quelques jours chez lui et pour nous payer un nouvel appartement. En échange, Bilal l'aidait dans son

180

travail: grâce à ses connaissances, il pouvait faciliter ses rapports avec l'administration.

La nouvelle maison, elle aussi dans le quartier Defence, était très agréable et donnait envie de faire des projets à Bilal. Il voulait un enfant de moi: ou pour être exacte, une fille. Et il était convaincu que tôt ou tard, son père nous aurait acceptés.

— Tu verras qu'un jour il t'appellera et te dira: tu es ma belle-fille.

Nous aurions pu être heureux.

Mais Bilal était malade de jalousie. Il se méfiait de tout et de tout le monde. Si nous allions faire un pique-nique avec des amis, je le voyais soudain se renfrogner parce qu'il commençait à soupçonner que l'un d'eux me regardait. Je m'habillais très modestement et tenais toujours les yeux baissés, mais ça ne servait à rien. J'avais aussi pris l'habitude de couvrir mes cheveux avec le voile islamique. Petit à petit, mon mari me convainquait que j'étais laide: de toute façon, je ne faisais plus rien pour paraître belle. Tout cela ne suffisait pourtant pas à le rassurer. Bilal interrogeait souvent Nauman sur mon passé. Je ne sais pas si Nauman comprenait les soupçons qui se dissimulaient derrière ces questions insidieuses, je sais seulement qu'elles l'effrayaient beaucoup.

Moi aussi, j'avais désormais peur de lui. Nauman s'était fait mal en tombant d'une chaise

181

et je l'avais emmené chez le médecin. Pendant que je courais en tenant mon fils ensanglanté dans mes bras, ma peur grandissait : je savais que Bilal se mettrait en colère parce que j'étais sortie toute seule.

À cette période, son comportement envers moi avait commencé à changer : le soir, il sortait de plus en plus souvent seul, en prétextant un dîner de travail ou une partie de chasse. Il rentrait presque toujours soûl et me frappait à la moindre occasion. Parfois, je sentais sur lui un léger parfum de *Shalimar*, une essence que n'utilisent que les femmes. Un jour où j'ai osé le lui faire remarquer, il m'a pris par les cheveux et m'a traînée dans toute la maison. J'avais le corps plein de bleus et l'âme meurtrie. Nos rapports empiraient de jour en jour.

La catastrophe nous guettait.

TROISIÈME PARTIE

Séquestrée

Comme je l'ai dit au début, après ma sortie de l'hôpital, je suis retournée à Lahore avec Bilal, et Tehmina, après m'avoir vue, avait décidé d'organiser une réunion de famille chez elle.

Cet après-midi-là, les gardes du corps de Mustafa Khar étaient restés devant la porte du salon. Le «Lion du Pendjab» est toujours accompagné de trois ou quatre hommes armés, leur kalachnikov bien en vue sur l'épaule, pas tant pour des raisons de sécurité que pour souligner son rang, son pouvoir et sa richesse. Après un long mais orageux mariage, et un divorce difficile, Mustafa avait continué à manifester un grand respect pour Tehmina. Peut-être parce qu'elle était restée près de lui quand il avait eu des ennuis, ou peut-être parce que Tehmina était devenue un célèbre écrivain et qu'elle avait gagné son pari.

— Tu n'es personne, lui avait dit Mustafa au moment de leur séparation. Tu devras te présenter comme l'ex-femme de Mustafa Khar.

185

— Et si un jour, c'était toi qui n'étais connu que comme le mari de Tehmina Durrani ?

Quelle qu'ait été la raison des bons rapports entre Tehmina et son ex-mari, il n'en demeure pas moins qu'après ma sortie de l'hôpital il avait accepté très rapidement l'idée d'une réunion de famille. Dans la *grand room* toute en verre de la maison de Lahore, nous étions donc peu : Mustafa, Tehmina, moi, Bilal, trois fils de Tehmina – Nisha, Ali et Hamza – et la sœur de Tehmina, Zermina.

Au début de la rencontre, je ne suis pas descendue tout de suite dans le salon : je suis restée tremblante dans ma chambre et Nisha a presque dû me traîner à l'étage d'en dessous. Une fois devant Mustafa, je lui ai touché le pied en signe de respect – comme l'a fait quelques minutes après son fils Bilal – et je me suis mise dans un coin, complètement recouverte de mon voile blanc. Je continuais à trembler en présence de cet homme imposant, vêtu d'un *shalwar kamiz* sombre et portant sur la tête le traditionnel couvre-chef du Sindh, le *topi* : je n'avais encore jamais vu Mustafa et sa façon de se tenir et de marcher me faisait vraiment penser à un lion.

— La paix soit avec vous, *Uncle*, ai-je murmuré, sans oser lever mon unique œil vers lui.

— Assieds-toi, assieds-toi, a-t-il répondu briè- vement.

Comme je l'ai raconté au début, lorsque je suis retournée à Lahore avec Bilal, après avoir connu cet enfer des vivants qu'est le *Civil Hospital* de Karachi, où j'avais frôlé la mort et l'avais tant désirée pourvu que prennent fin les douleurs qui me faisaient perdre la raison, Tehmina une nuit avait envoyé son chauffeur me chercher. Et Bilal, qui dans les faits me tenait prisonnière, n'avait pas osé s'opposer à la volonté de la femme qui lui avait servi de mère pendant de nombreuses années. Quand elle m'avait vue, Tehmina avait éclaté en sanglots et nous avions longuement pleuré ensemble – Nisha, elle et moi – jusqu'à ce que Tehmina dise d'un air décidé :

— Maintenant, ça suffit.

Je ne sais pas si elle avait déjà un plan pour moi : c'était peut-être vraiment l'Italie, car deux jours après, elle partait pour aller recevoir un prix à Rome.

En quelques heures, elle avait organisé la réunion de famille et lorsqu'elle nous a tous vus dans la *grand room*, elle n'a pas perdu de temps en bavardages. Elle est venue près de moi, m'a demandé d'enlever le voile qui recouvrait mon visage, et parce que j'hésitais, elle l'a arraché elle-même.

— Regarde ce que ton fils a fait à cette jeune femme. Qu'as-tu l'intention de faire pour l'aider ? a-t-elle dit à Mustapha.

L'instant a été très éprouvant : je pleurais en essayant en vain de cacher mon visage dont

187

j'avais honte; Bilal restait dans son coin, silencieux; Zermina et les garçons étaient pétrifiés; Tehmina, dans l'attente d'une réponse, regardait Mustafa d'un air de défi. Au bout de quelques minutes où le temps a semblé s'être arrêté, Mustafa a grogné à voix basse, comme s'il parlait tout seul, que Bilal avait fait une belle ânerie. Puis il s'est tu pendant quelques secondes et il a enfin dit d'une voix claire :

— Je vais en parler à mes frères.

Pour nous tous, les paroles de Mustafa avaient une signification évidente : il craignait la colère de ses frères, mais surtout de celui qui était aussi le père de Ruxane, la femme dont Bilal n'avait jamais divorcé et qui vivait encore dans sa maison, avec les deux enfants nés de son mariage.

La loi islamique permet à tout homme d'avoir quatre femmes : « Épousez, parmi les femmes qui vous plaisent, / une, deux, trois ou quatre. / Mais si vous craignez de ne pas être juste avec elles, / n'en épousez qu'une ! » dit le Coran. Être « juste » consiste aussi à passer le même nombre de nuits avec chaque femme, selon une rotation qu'il n'est possible d'enfreindre que si l'on est en voyage ou à l'occasion d'un nouveau mariage, lorsque la mariée a le droit de passer avec son mari sept nuits consécutives si elle est vierge et trois si elle ne l'est pas. Le prophète en personne a observé cette rotation, en tirant ensuite au sort le

188

nom de la femme qui devait l'accompagner à la bataille. La tradition rappelle toutefois les fréquentes crises de jalousie de Aïcha, la femme préférée dans les bras de laquelle Mahomet a voulu mourir, et la douleur de Fatima, son unique fille, lorsque son mari Ali a décidé de prendre une autre femme. Dans ce cas, le prophète est intervenu en personne en affirmant : « Je ne permettrai pas ce mariage, du moins jusqu'à ce qu'Ali ait divorcé de ma fille !... Parce que ma fille fait partie de moi : ce qui lui fait mal me fait mal ». Mahomet avait lui-même connu une longue union monogame avec sa première femme, Khadija. La coutume à cette époque, transmise aux règles musulmanes, concevait le mariage comme un contrat qui pouvait varier en fonction des accords passés et qui n'avait donc pas la valeur sacrée que lui attribue au contraire la religion chrétienne.

Aujourd'hui, dans presque tous les pays musulmans, la polygamie n'est plus d'usage dans les classes aisées et moyennes. Elle résiste encore dans les campagnes et parmi les pauvres.

Le soir, Bilal avait retrouvé toute sa bonne humeur. Il m'a embrassée.

— Tu verras, maintenant tout va s'arranger, je vais passer quelques jours à la campagne avec *Daddy* à Kot Addu, et je reviendrai te chercher.

Il n'utilisait ce mot anglais, *daddy*, si intime, qu'avec moi : devant lui, il l'appelait *sahib*, tandis que les autres enfants l'appelaient *abu*, père.

189

L'étreinte de Tehmina, qui ce soir-là a prié avec moi, a été beaucoup plus réconfortante. J'ai prié par simple dévotion. Je n'espérais plus rien, je ne demandais donc plus rien. Je vivais, mais ne parvenais pas à penser à l'avenir. J'avais souvent souhaité la mort quand je souffrais trop. Après ma sortie de l'hôpital, j'ai su qu'un médecin anesthésiste avait proposé à maman de me faire mourir pour ne pas me laisser souffrir. Maman s'était mise à genoux et lui avait dit:

— Ne parlez pas ainsi. Je sais que Fakhra peut vivre et recommencer à jouer avec le petit Nauman.

Après ma sortie de l'hôpital, j'ai été émue d'apprendre que tous les commerçants de Napier Road avaient fermé boutique dès que l'on avait su que j'avais été brûlée à l'acide, et que beaucoup de gens que je ne connaissais pas avait fait la queue devant l'hôpital pour prendre des nouvelles sur mon état de santé. Mais pendant ces jours à Lahore, où ma vie continuait à n'être marquée que par la douleur physique – je ne pouvais pas lever la tête, je ne pouvais pas manger si ce n'est des aliments liquides, j'avais encore une blessure ouverte sur l'épaule, je ne pouvais pas utiliser la main droite, dormir était un problème, et l'œil fermé continuait à me brûler – je n'éprouvais ni désir, ni espoir. J'étais vivante, mais sans aucune envie de vivre.

190

Tehmina avait dû partir pour l'Italie et elle avait donné l'ordre de ne pas laisser entrer Bilal et de lui dire que j'étais partie. C'est ce qui s'est passé, mais j'ai ensuite distraitement répondu au téléphone et Bilal a découvert le mensonge. Il est arrivé furieux.

— Où avez-vous caché ma femme?

Le garde du corps de Tehmina a essayé inutilement de lui barrer la route et de lui dire que je n'étais pas à la maison. Il m'a trouvée, m'a tirée par les cheveux, m'a traînée jusqu'à la porte et m'a emmenée à l'hôtel. Nisha l'a suivi avec sa voiture et l'a supplié en vain.

— Je t'en prie, Bilal, Fakhra a besoin d'une chirurgie esthétique, *Mummy* peut l'aider.

Il a été inflexible. Il a téléphoné à son père qui a envoyé une voiture et il m'a emmenée à Khala Katai, dans l'une des résidences de campagne de la famille Khar.

L'endroit, qui se trouve non loin de la frontière avec l'Inde, est d'ordinaire beau et vert, mais il m'est tout de suite apparu très sombre. La maison à deux étages était énorme: le rez-de-chaussée était pour les enfants, le premier étage pour Mustafa. Il y avait l'air conditionné, un frigo pour chaque sorte de nourriture; dans les écuries, il y avait un cheval pour chacun des enfants de Mustafa et dans le chenil des dizaines et des dizaines de chiens de chasse. Mais il n'y avait pas une seule maison à l'horizon, juste les

191

logements des paysans à quelques mètres de là. C'est comme si c'était le village des Khar, où j'étais seule, sûrement épiée par les domestiques, sans aucun espoir de retourner à Lahore.

Bilal était resté avec moi, mais il s'absentait souvent pour rendre visite aux autres seigneurs feudataires, pour administrer la justice sur ses terres ou pour aller à Lahore. Et la nuit, il allait à la chasse, son passe-temps favori. Dès que la lune se levait, il partait en jeep, suivi par ses gros chiens dressés pour se battre contre les sangliers, fers de lance des meilleurs élevages, nourris avec de la viande tous les jours.

Les domestiques et les paysans n'avaient droit à de la viande qu'une fois par semaine, et c'était la moins bonne, de la vache ou du chameau (les riches préfèrent le mouton et les poules). Leurs enfants ramassaient par terre les bananes grigno- tées et jetées par ceux de Mustafa, les splendides fruits sur les arbres n'étaient que pour les enfants du patron. Lorsque chez les Khar, il restait de la sauce *achar*, faite avec de la mangue, des légumes, du piment et du *ghi*, l'huile de beurre, on préférait la jeter plutôt que de la distribuer aux paysans. Les pauvres se nourrissaient de *chapati* et de lentilles, de pain, de yaourt et de piment ou de riz avec un peu de légumes. Au Pakistan, la malnutrition est la compagne quoti- dienne de millions de personnes et beaucoup de gens meurent de faim et de tuberculose.

« *Seigneurs feudataires* » – feudal lords *en anglais – est l'expression généralement utilisée au Pakistan pour désigner les grands propriétaires terriens qui administrent la justice sur la base de lois tribales et fondent leur richesse sur le travail forcé de paysans souvent liés à eux par des dettes contractées dans le passé par les pères ou les grands-parents.*

Les seigneurs feudataires sont aujourd'hui environ cinq mille et possèdent la moitié des terres cultivables du pays. Les paysans reçoivent trente pour cent de la récolte, mais doivent payer à leurs patrons les semences et les engrais, qui ont augmenté de deux cents pour cent ces dix dernières années. Bien qu'ils soient contrôlés par les gardes armés des propriétaires terriens, beaucoup parviennent à s'échapper : sept mille ces dix dernières années selon la commission pakistanaise de Human Rights. *Une loi de 1992 a aboli le travail forcé dans les champs – peine qui pouvait atteindre jusqu'à cinq ans de réclusion – mais aucun seigneur feudataire n'a encore été condamné.*

De nombreux feudal lords, *qui peuvent compter sur un bassin électoral garanti par la fidélité tribale, ont été élus au Parlement national ou aux parlements régionaux. Mustafa comme Bilal Khar l'ont été. Mir Zafarullah Khan Jamali, Premier ministre de 2002 à 2004, est lui aussi seigneur feudataire. En 1977, il a pris personnellement part à la répression d'une révolte de paysans où furent tuées dix personnes. La*

193

révolte avait été provoquée par la révocation des concessions promises par le précédent gouvernement.

Lorsque j'étais à Khala Katai, je prenais du poisson et de la viande du frigo pour les donner aux paysans et je volais un peu d'argent dans le sac de Bilal pour l'offrir aux enfants. Oui, je volais. Parce que je n'avais pas la moindre roupie. Je ne pouvais pas utiliser le téléphone de la maison parce qu'un domestique m'aurait sûrement dénoncée, je ne pouvais aller nulle part sans Bilal, je ne pouvais même pas parler avec le personnel de maison. Les femmes et les enfants des paysans ont été ma seule compagnie durant les mois où j'ai été séquestrée dans une maison de campagne à une heure et demie de voiture de Lahore. Les enfants, au bout de quelque temps, n'avaient plus peur de moi et nous écoutions souvent mes cassettes. Certains jours, les heures ne passaient pas. Je me mettais parfois à jouer seule avec les perles de mes bracelets. Je les ouvrais et les enlevais une par une :

— Il m'aime, il ne m'aime pas…

J'avais le cœur partagé vis-à-vis de Bilal. J'étais en colère à cause de ce qu'il m'avait fait, mais tellement nostalgique de notre amour. Je nourrissais l'espoir absurde que nous pourrions le retrouver d'une façon ou d'une autre.

L'attitude de Bilal n'était pourtant pas celle des jours heureux. Il me parlait peu, n'était

194

jamais de bonne humeur, mais il voulait toujours faire l'amour, ce qui me blessait. Empêtrée comme je l'étais dans mes mouvements, le menton collé au thorax, la moindre partie de mon corps me faisait souffrir. Et je n'arrivais pas à comprendre comment mon mari pouvait encore désirer une femme qui faisait peur à tout le monde. Je me sentais utilisée et j'éprouvais une profonde irritation. Je pestais parfois contre lui qui ne voulait pas me faire soigner, ni m'emmener chez l'ophtalmologiste pour faire cesser la douleur qui m'arrivait au cerveau. Je passais de la dépression à l'agressivité, l'espoir que mon mari éprouve encore des sentiments pour moi laissait place à la colère à cause de ce qu'il m'avait fait, parce qu'il m'avait rendue prisonnière de mon visage. J'en avais tellement honte que je n'osais pas regarder Bilal lorsque je lui parlais, je préférais baisser les yeux. Et en sa présence, je ne mangeais pas de mangue, les splendides fruits désaltérants qui rougissaient sur les arbres de Khala Katai, parce que je ne voulais pas qu'il voie tomber de ma bouche la pulpe que je désirais tant avaler.

Je suppliais en vain mon mari de me conduire au village le plus proche pour téléphoner à Karachi, à ma famille : il reportait toujours. Pendant cinq mois, je n'ai eu aucune nouvelle de mon fils, de ma sœur, ni de ma mère. Bilal était parfois patient avec moi, mais un jour où j'avais élevé

195

la voix contre lui, alors que Mustafa était à la maison, il m'a dit :

— Si mon père t'entend, je te jure que je te tue. Et personne ne le saura jamais.

Mon mari était souvent dehors pour administrer la justice dans le *panchet*, le tribunal des seigneurs feudataires. Il décidait qui devait être puni et qui devait être absous quand il y avait des disputes entre les gens. Mais Bilal allait aussi parfois à Lahore pendant deux ou trois jours ; je le soupçonnais d'aller voir son autre femme, Ruxane.

C'est au cours de l'un de ces jours pleins d'ennui que Dai Ayesha, la domestique de confiance de Mustafa Khar qui avait élevé beaucoup de ses nombreux enfants, est venue me voir. Ayesha avait été une jeune femme très belle. Quand elle avait vingt-cinq ans et était déjà mariée, elle était tombée amoureuse d'un jeune homme, lui aussi marié. Les deux amants s'étaient enfuis et, pendant une brève période, avaient espéré se refaire une vie ailleurs. Mais ils avaient été découverts, capturés et conduits devant le tribunal de Mustafa qui avait ordonné que Ayesha soit livrée à son époux légitime et que son amant soit enfermé dans un hôpital psychiatrique. Le jeune homme est rapidement devenu fou pour de vrai et il est mort. Ayesha a supplié de ne pas être reconduite chez son mari et de pouvoir travailler pour Mustafa. Il a accepté et Ayesha est entrée chez les Khar comme *dai* (baby-sitter) de Bilal. Depuis, en échange d'une petite quantité de grains que sa famille recevait une fois par an, Ayesha est restée l'esclave domestique de Mustafa, mais une domestique patronne, qui gère la maison, a accès au coffre-fort et décide de nombreuses choses.

Dai Ayesha est venue chez moi comme ambassadrice. Elle m'a dit que Mustafa et ses frères me donneraient de l'argent. Mustafa n'avait donc pas l'intention d'assumer la responsabilité de ce que Bilal avait fait, ni de payer à sa place, lui le père qui n'avait jamais concédé l'autonomie financière à ses enfants, lui qui avait coupé les vivres à son fils pour le punir de m'avoir épousée. Non, c'était la famille Khar qui voulait se débarrasser d'une jeune femme qui était le témoignage vivant de la violence dans laquelle avaient été élevés tous leurs enfants de sexe masculin. C'étaient les frères Khar qui voulaient donner l'aumône à une danseuse qu'ils continuaient à mépriser. Et ils avaient envoyé une domestique pour le lui dire.

J'ai refusé leur argent.

Mon salut est pourtant venu d'un autre domestique. Il s'appelait Aslàm et était homosexuel. C'était un homme étrange et sensible qui avait autrefois été au service de Madam Noor Jehan, « la Reine de la mélodie », la belle-sœur

197

de ma grand-mère. Il avait lu mon histoire dans les journaux. Il savait lire et écrire, mais il savait surtout écouter et c'était le seul, grâce à ses penchants, que Bilal autorisait à entrer dans ma chambre et à parler avec moi.

— J'ai entendu les patrons dire que Themina voulait vous aider, Bibi Fakhra, m'a-t-il murmuré un jour, en regardant autour de lui dans la crainte des délations.

Mon cœur a commencé à battre très fort. Je lui ai tout de suite donné le numéro de téléphone de Tehmina.

— Dis-lui qu'elle me fasse sortir de cette prison, sinon je vais devenir folle.

Un dialogue à distance a donc commencé avec Tehmina, par l'intermédiaire d'Aslàm. Il lui donnait les mots que je lui dictais, et s'il ne pouvait pas aller à Lahore, il brûlait ou mangeait le papier. Un jour où il se trouvait chez Tehmina, Mustafa est arrivé. Elle a rapidement caché Aslàm qui, en tremblant, a écouté cet absurde dialogue :

— Où est Fakhra ? a demandé Tehmina.

— Ne t'inquiète pas, elle va bien, a répondu Mustafa.

Plus d'une fois, Tehmina m'a envoyé des messages rassurants : «S'ils ne te laissent pas partir, j'enverrai un commando te libérer. Je travaille pour toi». Travailler pour moi signifiait essayer de me procurer des papiers d'identité,

198

un passeport et un visa pour aller me faire soigner à l'étranger. L'idée que des hommes armés viennent me chercher m'électrisait, mais en même temps m'effrayait : Bilal aimait les armes et en avait de nombreuses à Khala Katai. Il les mettait souvent toutes en rang sur le lit pour les nettoyer.

Mais je savais que Tehmina était une femme prudente et habile, qui tenterait d'abord toutes les voies du dialogue. Elle a en effet parlé avec Mustafa sur la nécessité de me faire soigner. Mustafa en a parlé avec Bilal, mais Bilal est arrivé chez moi en larmes.

— Si tu t'en vas, tu ne reviendras plus, je le sais. Je t'aime comme tu es.

Un étrange amour, le sien, qui ne l'empêchait pas d'aller souvent rendre visite à son autre femme, Ruxane, comme m'en informait régulièrement Aslàm.

Un jour, Bilal a dit distraitement :

— Demain, Zermina, Nisha et une de leurs amies italiennes viennent nous rendre visite.

Mon cœur a fait un bond dans ma poitrine, mais je n'ai rien dit. Le lendemain, les heures passaient et mon anxiété grandissait. Jusqu'à ce que Bilal finisse par m'annoncer :

— Elles ne viennent plus, elles ont reporté à la semaine prochaine.

Le monde autour de moi s'est écroulé. J'ai replongé dans la dépression, je n'espérais plus

199

de changements dans ma vie : femme de Bilal, pour toujours. Séquestrée à la campagne, une «chose» à cacher, pour toujours. Le menton collé à la poitrine, pour toujours.

Quelques jours ont passé. C'était un après-midi d'été, il faisait une chaleur à mourir. J'ai entendu des voix excitées, puis le bruit d'une automobile et un enfant qui criait :

— *Sahab* (une autre façon de dire *sahib*) arrive. Il y a aussi des dames.

Comme chaque fois que le patron arrivait, les domestiques étaient debout à l'entrée, en rang, la tête baissée.

L'émotion a été tellement forte que je me suis enfermée dans la salle de bains. Puis j'ai respiré profondément, j'ai pris mon courage à deux mains et je suis allée à la rencontre des invités, les jambes tremblantes. Nisha en m'embrassant m'a murmuré à l'oreille :

— Toi, demain, tu viens avec nous.

Quand nous sommes restées seules, Zermina m'a confié en riant qu'elle avait pu venir car elle avait flatté la vanité de Mustafa :

— Il paraît que Khala Katai est un endroit magnifique, je ne l'ai jamais vu, j'aimerais le montrer à notre hôte italienne.

Et en m'embrassant, elle a ajouté :

— Si tu n'étais pas là, je ne serais jamais venue visiter cet élevage de moustiques ! Fakhra, je suis venue ici juste pour t'emmener.

200

Comme je l'ai déjà dit, Mustafa souhaitait que le soir, à huit heures et demie, on se réunisse tous pour manger ensemble : une habitude occidentale qui n'est pas répandue au Pakistan, où chacun se nourrit quand il a faim, en général dans sa chambre. L'été, à Khala Katai, on mange allongé sur les *charpai*, des lits en osier qu'on utilise aussi pour dormir en plein air quand il fait chaud. Les domestiques passent avec une cruche d'eau pour qu'on se lave les mains et servent les différents plats. Ce soir-là, le dîner était très riche, surtout en poisson : d'exquis poissons de lac et de rivière. Mustafa et les invités venus de Lahore parlaient de tout et de rien, Bilal, probablement nerveux, s'est levé plusieurs fois pour aller fumer (dans la famille Khar, on ne fume jamais devant ses parents). Je soulevais mon voile jusqu'aux yeux pour manger : je ne pouvais avaler que de la nourriture à moitié liquide et j'étais terriblement gênée parce que, bien que je fasse attention, tout me coulait souvent en dehors de la bouche. J'ai très peu parlé, ce soir-là, trop paralysée par l'émotion. À un certain moment, Zermina m'a demandé sur le ton du bavardage :

— Fakhra, comment va ton œil ? Il m'a l'air un peu rouge.

— Ça me fait un peu mal, ai-je répliqué dans un filet de voix.

201

— Il faut absolument le montrer à un spécialiste à Lahore. Demain, tu viens avec nous, Bilal viendra te chercher.

J'ai dégluti avec difficulté et je n'ai pas répondu. Tout le monde se taisait. Personne n'a dit «d'accord» ou «ce n'est pas possible». J'ai demandé la permission d'aller sur la terrasse et je suis restée un moment à regarder la lune, pour me calmer.

Lorsque nous nous sommes retirés dans notre chambre, d'une voix tremblante et pleine de larmes, Bilal m'a implorée de ne pas aller à Lahore le lendemain.

— C'est moi qui vais t'emmener chez le médecin.

— Cela fait des mois que je te supplie de me faire soigner, au moins l'œil, et tu me demandes toujours d'être patiente!

J'étais irritée et effrayée à l'idée que cette lueur d'espoir se referme.

— Tu me manques, je ne peux pas vivre sans toi.

Sa réaction était ridicule.

— Pour une visite médicale!

Et j'ai décidé de passer la nuit dans la chambre de Zermina. Elle a d'abord commencé par me faire signer les papiers nécessaires pour obtenir un passeport et un visa, dans la crainte qu'au dernier moment ils m'interdisent de quitter Khala Katai. Nous avons très peu dormi cette nuit-là. Zermina, la petite sœur de Tehmina, est une femme très belle et très douce et elle a sacrifié son sommeil pour me donner du courage et de la sérénité. Nous savions toutes les deux que ce départ était définitif. C'était une fuite. Pour chercher le salut. Pour espérer relever la tête et prendre ma vie en main.

À l'aube, Zermina, Nisha et moi avons récité ensemble Namàs, la première prière du matin, pour demander de l'aide à Dieu pour parcourir le chemin que nous étions résolues à entreprendre.

Nous avons décidé de partir vers midi en voiture avec Mustafa.

— Nous partons avec papa, m'a annoncé Nisha d'une voix joyeuse, comme s'il s'agissait d'une banale promenade. Bilal viendra te chercher plus tard.

Mais Bilal avait l'air de sentir que quelque chose de bizarre se préparait. Il pleurait et m'a embrassé les pieds.

— Tu reviens, n'est-ce pas ? Tu reviens ? (Sa voix tremblait.) Je viens te chercher ce soir à sept heures. Nous prenons une glace et nous rentrons à la maison.

J'étais partagée, je savais que je n'allais plus jamais revoir mon mari. J'étais consciente que je mentais, mais j'ai menti.

— Oui, oui, on se voit ce soir.

Et j'ai coupé court aux adieux.

Nous avons toutes pris place dans la Pajero de Mustafa, une belle voiture. Tout le monde connaissait son amour pour les voitures, les chevaux et les chiens. Il n'y avait donc aucune raison d'être étonné. Il avait alors plus de soixante-cinq ans, mais il conservait un charme remarquable et transmettait une sensation de force. C'est probablement toujours le cas, maintenant qu'à soixante-dix ans il a eu un enfant avec sa dixième femme, qui en a à peine vingt-trois. Mustafa n'a jamais été méchant avec moi. Au contraire, de temps en temps, il me faisait des compliments.

— De toutes les femmes de Bilal, Fakhra est la seule qui sait tenir une maison.

Il aimait beaucoup mes boulettes de viande, et quand je les faisais, il me remerciait d'un sec «bravo». Il m'a toujours respectée, mais il ne m'a jamais fait confiance.

Il nous a laissées devant la maison de Tehmina. Nous nous sommes embrassées. Elle était très affectueuse, moi très émue.

— Tu as vu que nous y sommes arrivées? a-t-elle dit. Maintenant, Fakhra, deux routes se présentent à toi: si tu veux rester avec Bilal, tu connais les conditions de la famille Khar. Elles ne changeront jamais. Si tu choisis mon chemin, tu dois savoir qu'il est plein d'embûches et présente très peu de certitudes.

Mon cœur battait très fort dans ma poitrine.

— Je choisis ma vie, même si c'est difficile.

— Alors, Nisha, montre mon armoire à Fakhra pour qu'elle puisse choisir des vêtements. Et toi, Fakhra, va prendre une douche et prie.

Sous la douche, j'ai eu la sensation de me laver de tout mon passé. J'ai enfilé un vêtement de Tehmina et je n'ai jamais regretté mon choix.

L'état de siège

Quand Bilal est arrivé vers dix-neuf heures, on lui a dit que j'étais partie à Islamabad. Comme c'était prévisible, il est sorti de ses gonds. Un ami de Tehmina, Inamullah Nyasi, un homme politique influent qui avait fréquenté le Parlement à la même période que Bilal, lui a parlé.

— Laisse-la, elle est partie se soigner, elle reviendra.

— Je la veux tout de suite, à n'importe quel prix, telle qu'elle est!

Inam a été patient, mais très ferme.

— Si tu agis de la sorte, tu ne la reverras plus. J'ai pris le cas de Fakhra en main et je ne la laisserai pas seule.

Je n'étais pas à la maison quand cet épisode a eu lieu. Tehmina m'avait envoyée chez une de ses amies, Mariàm, une psychologue qui m'a été d'une grande aide à cette époque et qui m'a accueillie pendant deux semaines.

Les jours suivants, Bilal a même menacé Tehmina – qu'il appelait pourtant « maman » – de lui jeter de l'acide. Un jour, il a dit à Ali :

— Je vais lui tirer un coup de pistolet dans les genoux avec un calibre 12. *Mummy* a trop relevé la tête, je vais l'obliger à ramper.

Tehmina ne perdait jamais son calme quand Bilal téléphonait en réclamant « sa femme ». Elle lui disait en anglais, comme ils en avaient l'habitude, que je n'étais plus sa femme depuis qu'il m'avait défigurée avec de l'acide.

— Tu vois, Bilal, j'ai pris la main de Fakhra dans la mienne et maintenant elle est pour moi comme Nisha, Biba, Ali ou Hamza. C'est comme si c'était ma fille. Et si tu viens pour me jeter de l'acide, tu devras également brûler tes frères parce qu'eux aussi sont décidés à défendre Fakhra, au prix de leur vie.

Mustafa s'est limité à dire cyniquement à Tehmina :

— Tu as élevé Bilal et maintenant tu fais des histoires pour cette fille. Tu verras qu'à la fin ils se remettront ensemble.

— Et si c'était arrivé à Nisha ? Tu n'aurais jamais permis qu'elle retourne vivre avec l'homme qui l'a défigurée et tu l'aurais envoyée à l'étranger pour se faire soigner.

Tehmina, qui connaissait très bien son beau-fils, savait qu'il fallait s'attendre à tout de sa part et qu'on devait être prudent. Par conséquent,

208

quand un jour Bilal a dit qu'il savait très bien où vivait Nauman à Karachi, elle a immédiatement décidé de faire venir mon fils à Lahore.

Je n'étais pas au courant des intentions cachées de Bilal et je ne m'attendais donc pas à revoir mon fils aussi tôt. Il est arrivé un matin tandis que je dormais encore. Il est apparu devant moi à l'improviste : tout habillé de blanc, à l'occidentale, avec une amusante casquette de base-ball rouge sur ses cheveux noirs brillants.

Au cours des six mois où nous étions restés séparés, il avait grandi, et pas seulement en taille. À Karachi, c'est lui qui avait décidé de vivre avec moi. Quand je suis sortie de l'hôpital, on avait envoyé Nauman chez Auntie Chia pour le tenir loin de moi. Il y avait des risques d'infection car j'avais encore de nombreuses plaies ouvertes et quelques-unes étaient pleines de pus. Mais un matin, alors que j'étais encore à moitié endormie, j'ai senti un contact léger sur ma main. J'ai mis quelques secondes à me rendre compte que c'étaient des petits doigts d'enfant qui me caressaient. Le sentir, le voir – pour autant que je puisse le faire avec mon unique œil – a été une grande joie, mais aussi une torture, parce que j'aurais voulu l'embrasser et l'étreindre et que je ne pouvais pas le faire. Ce matin-là, il a dit très calmement :

— Ce soir, je dors avec maman.

209

On lui a expliqué que ce n'était pas possible, que maman était pleine de microbes, mais il n'a rien voulu savoir.

À Lahore, Nauman a adopté un comportement très protecteur envers moi. Il passait délicatement ses petites mains sur mes horribles cicatrices.

— Ne t'inquiète pas, tu verras que tout ira bien.

Je retrouvais ce caractère «paternel» qu'il avait déjà manifesté durant la très difficile période que nous avions passée chez Puli et Kiran: il avait alors tout juste cinq ans et c'était lui qui se rappelait de me donner mes médicaments. Et si, démoralisée comme je l'étais, j'essayais de ne pas les prendre, il me tendait une pilule.

— Allez, maman, une à toi, une à moi.

Durant la période que nous avons passée chez Tehmina, j'ai fait pour la première fois la maman à temps plein: il y avait, c'est vrai, une baby-sitter, mais finalement je suis restée avec Nauman nuit et jour, je lui ai appris les bonnes manières et nous avons étudié ensemble un peu d'anglais, la langue que l'on parlait à la maison. C'est là que nous avons vraiment fait connaissance.

Tehmina avait des idées très claires sur la seule route qu'il était possible de prendre: me faire soigner à l'étranger. Non seulement parce que les techniques médicales sont plus avancées en Europe et aux États-Unis, mais aussi parce que les rares soins qu'on aurait pu me prodiguer au Pakistan étaient payants et auraient coûté une fortune que Tehmina, après le divorce de Mustafa, ne possédait vraiment pas.

Elle s'est donc démenée pour m'obtenir un passeport et un visa. Elle a pris des contacts avec des avocats, des associations féministes et de défense des droits de l'homme, des hommes politiques. Mais au bout d'une semaine, la réponse négative est arrivée : officiellement, je ne pouvais pas avoir de passeport car le nom de mon père ne figurait pas sur les documents présentés. En privé, on a dit à Tehmina que mon cas pouvait porter atteinte à l'image du Pakistan à l'étranger. Et des sources gouvernementales, à travers des journaux, ont taxé Tehmina de nombrilisme.

Elle ne s'avouait pourtant pas vaincue. Elle passait ses journées au milieu des courriers électroniques, des coups de téléphone et des fax, et elle a décidé de tenir une conférence de presse. Comme toujours quand il y avait des inconnus, j'ai couvert mon visage avec un voile. Et de nouveau, elle a voulu que je l'enlève.

— C'est Bilal qui doit avoir honte si aujourd'hui tu es comme ça, pas toi.

Il y avait au moins une vingtaine de journalistes et la télévision. Un reporter s'est levé.

211

— Il y a d'abord eu beaucoup de bruit autour de votre divorce, puis votre livre *My feudal lord* et maintenant cette histoire de la femme de Bilal. Vous avez peut-être quelque chose contre la famille Khar ?

Mais avant que Tehmina n'ait le temps de répondre, Ali, qui avait alors vingt ans, a pris la parole, un fait tout à fait anormal au Pakistan où un jeune ne parle jamais avant ses parents ni ses frères aînés.

— Je suis un Khar, je peux répondre en ce qui concerne ma famille.

La question impertinente du journaliste est restée sans réponse.

Ça a été la première des nombreuses conférences de presse et d'un nombre infini d'interviews. La presse s'est passionnée pour mon cas et a certainement beaucoup aidé Tehmina à remporter la bataille de mon passeport. Les autorités officielles, en plus de l'accuser de nombrilime, m'ont reproché de vouloir me faire de la publicité aux dépens de l'image du pays et elles ont fait pression pour que j'offre mon *khurbani* – le sacrifice pour la patrie – et que je renonce au projet de me faire soigner à l'étranger. Tehmina a répondu à ma place :

— Fakhra a déjà suffisamment donné au Pakistan, n'oublions pas combien elle a souffert quand elle était enfant.

212

La stratégie de Tehmina consistait à agir sur deux fronts : d'un côté, livrer une bataille publique à travers les journaux et la télévision, de l'autre atteindre les instances dirigeantes à travers ses connaissances.

— Fakhra est le symbole de l'injustice de ce pays, où les femmes n'ont pas le droit de faire entendre leur voix, disait-elle aux journalistes.

Et quand elle n'obtenait pas satisfaction de la part de quelque gros bonnet du gouvernement, elle essayait simplement d'arriver plus haut.

La liberté de la presse existe-t-elle au Pakistan ? Oui, selon la lettre de la loi, la Freedom of Information Ordinance, *promulguée en 2003. Non, selon la commission pakistanaise de* Human Rights, *qui en 2004 a dénoncé la garde à vue illégale tout comme l'intimidation de plusieurs journalistes. La liberté d'expression est toutefois désormais dans l'esprit du temps. Elle se manifeste dans les critiques contre l'inefficacité et la corruption, dans les accusations portées contre le pouvoir excessif des seigneurs féodataires et les coutumes patriarcales, dans les requêtes en faveur des libertés civiles. Comme cela a été le cas tant de fois dans d'autres pays, les critiques contre le « système » passent, mais attention à ne pas toucher ceux qui sont au pouvoir.*

Malgré les nombreux articles publiés, les jours passaient, le passeport n'arrivait pas et j'ai

213

commencé à replonger dans la dépression. Les antidépresseurs m'aidaient, mais c'est surtout l'amour dont j'étais entourée qui m'a donné la volonté de résister. Dans la maison de Tehmina, j'étais traitée comme une vraie fille et je dormais avec sa sœur Zermina (que moi aussi j'appelais affectueusement tante Pomme de terre, *Guppo Khala*). Biba, la fille aînée de Tehmina, me téléphonait de New York, où elle habitait à l'époque, pour prendre de mes nouvelles, et Tehmina en personne avait voulu m'offrir un sari que se transmettaient les femmes de sa famille pour le porter lors des occasions spéciales : noir, avec d'extraordinaires broderies et de petites franges faites avec des graines de dattes. Dans cette maison pleine de miroirs, que j'évitais avec le plus grand soin, je me suis aperçue que Tehmina, Zermina et Nisha aussi ne se regardaient plus et avaient perdu l'habitude de se maquiller.

Des nuages noirs commençaient pourtant à s'amonceler sur nos têtes.

Un soir, Tehmina a remarqué une jeep pleine d'hommes armés qui n'arrêtait pas de tourner autour de la maison. Le lendemain, elle a engagé neuf autres hommes pour assurer notre sécurité. Certains étaient postés sur le toit, d'autres dans le jardin. Nisha a quitté son travail, Ali et Hamza ont arrêté de suivre les cours et j'ai renoncé à sortir de crainte d'être enlevée. Nisha affirme aujourd'hui qu'elle n'a jamais eu peur

214

pour elle, parce qu'elle était certaine de l'affection que lui portait Bilal, mais elle tremblait pour sa mère et ses frères. Si quelque chose de terrible était arrivé à Tehmina, Ali et Hamza auraient probablement essayé de tuer leur frère aîné.

Les journées nous semblaient interminables. Cela en devenait insupportable. Mais l'état de siège avait stimulé une extraordinaire cohésion familiale et la solidarité des amis. Les amies de Tehmina venaient souvent nous rendre visite et nous bavardions toute la nuit. Elles m'ont beaucoup aidée à chasser mes idées noires. C'est à cette période que la sympathie que j'avais ressentie dès ma première rencontre avec Nisha s'est transformée en profonde affection. Nous avions le même âge, nous aimions les mêmes chansons et cette vie de recluses nous pesait à toutes les deux.

— Et si nous allions faire un tour en voiture ? m'a-t-elle murmuré un jour à l'oreille, tentatrice.

Tehmina travaillait enfermée dans sa chambre, les domestiques dormaient ou étaient occupés à différentes tâches. Nisha s'est mise au volant, je me suis couchée au fond de l'auto pour que personne ne me voie… et nous nous sommes échappées. Il ne s'est rien passé, heureusement, il ne s'est agi que d'une petite et joyeuse bouffée de liberté.

Tehmina continuait à tisser sa toile. Elle multipliait les contacts politiques, menait la bataille

215

civile et s'occupait des relations internationales. La nouvelle qu'une société de cosmétiques offrait son aide est arrivée d'Italie. C'est elle qui allait demander un visa d'entrée dès que j'aurais obtenu le permis de quitter le Pakistan.

Les journaux continuaient à parler de nous. Les articles racontaient notre vie, mais ils finissaient tous de la même façon : Fakhra réussira-t-elle à s'enfuir et à se rendre en Italie pour reconstruire son visage ? Cela dérangeait beaucoup Mustafa, en particulier à cette époque parce qu'il avait l'intention de reprendre du service en politique. Nos rapports étaient toutefois cordiaux, grâce en grande partie à l'habileté diplomatique de Tehmina. Et par le père, nous avions aussi des nouvelles de Bilal. Nous avons ainsi appris qu'il alternait les moments d'agressivité à la dépression et qu'il passait des jours entiers à prier et à pleurer dans la lointaine mosquée de Lal Qalandar Shah Baz, un endroit où j'allais souvent quand j'habitais à Karachi.

Bilal, comme je l'ai déjà dit, était le fils préféré de Mustafa, celui qui avait reçu le plus, mais aussi celui qui avait créé le plus de problèmes. Bilal n'était pas seulement beau, élégant, éduqué ; il était aussi souvent gentil et généreux quand tout cela n'était pas balayé par des moments de violence terrible. Mais il regrettait toujours et implorait pardon en pleurant. Ce qu'il obtenait presque toujours.

216

Lal Qalandar est l'un des grands saints soufis qui au XIIIᵉ siècle ont converti à leur doctrine et à l'islam les habitants de l'actuel Pakistan. Comme d'autres personnalités du mouvement soufi, Lal Qalandar était un grand intellectuel, un lettré, un poète, un bon orateur et il a guidé avec détermination le mouvement de lutte contre le cupide radjah du Sind.

Le soufisme est une doctrine ascétique qui a traversé tout le monde islamique et qui a trouvé son apogée entre le XIᵉ et le XIVᵉ siècle. Le soufisme prêchait un dieu d'amour plutôt qu'un dieu vengeur, il soulignait l'importance de la foi plus que l'observation des règles rigides imposées par les oulémas, il exaltait la fraternité et méprisait l'orgueil de classe, promouvant ainsi une révolution culturelle et sociale. Il s'est en particulier intéressé au Pakistan, à tel point que des historiens modernes affirment que sans le mouvement soufi, le Pakistan ne serait jamais né.

Aujourd'hui, c'est la musique soufi qui attire un nombre de plus en plus important d'adeptes, au Pakistan comme en Iran, en Turquie comme au Bangladesh. C'est une forme de musique religieuse qui en chantant la soumission à Dieu transporte les auditeurs jusqu'à l'extase spirituelle ; elle a ses stars et ne dédaigne aucune des formes de communication et d'exaltation de la musique moderne.

Peut-être parce qu'elle avait compris que la publicité que les journaux me faisaient pouvait nous aider, Tehmina a décidé de tenir une conférence de presse à Islamabad, la capitale du Pakistan. Nous sommes partis en voiture, Tehmina, Inamullah *Uncle* (depuis qu'il avait décidé de prendre ma vie en main, je l'appelais oncle), Nauman, moi, le chauffeur et l'escorte armée, en direction de l'hôpital militaire, un endroit où je n'avais pas à craindre une mauvaise surprise de Bilal.

Après la conférence de presse, qui a eu lieu dans un grand hôtel, mon histoire a fait les gros titres des journaux et l'objet d'un grand reportage télévisé. Toutes les voix des journalistes concordaient : le gouvernement devait me donner un visa pour que je puisse être soignée à l'étranger. Mais le visa n'est pas arrivé. Le gouvernement s'est limité à un modeste geste. En signe de bonne volonté, il m'a proposé un séjour à l'hôpital militaire pour vérifier mon état de santé physique et psychique. Tehmina a pensé qu'il était bon d'accepter.

Cette fois, toute la famille est partie, y compris Zermina, Nisha, Ali et Hamza. Tout le monde a été hébergé dans un hôpital qui ressemblait à un grand hôtel. À cette époque, le mari de Benazir Bhutto, qui avait été condamné au pénal, vivait aussi là-bas, où il disposait d'une suite de dix pièces.

Asif Ali Zardari, mari de Benazir Bhutto et ministre des Investissements quand elle était chef du gouvernement, est resté aux arrêts à l'hôpital pendant huit ans. Il a été condamné pour corruption et accusé (mais aucune preuve n'a été apportée) d'avoir ourdi l'assassinat du frère et rival de Benazir, Murtaza, tué par la police durant des révoltes à Karachi.

Le National Accountability Bureau, qui a au Pakistan des fonctions identiques à celles de notre Cour des comptes, a accusé Zardari, entre autres, d'avoir acheté avec des fonds publics deux terrains de polo et quarante-sept écuries, alors que les préjudices qu'il a causés de différentes manières aux caisses de l'État ont été calculés à douze milliards d'euros. Zardari qui, depuis l'hôpital, incitait le peuple à se révolter contre l'actuel gouvernement, a été libéré fin 2004 et renvoyé en résidence surveillée deux jours après. Il s'est probablement agi d'un complexe jeu d'alliances et de soupçons à l'égard d'un homme et d'un parti, le Parti populaire, qui compte aujourd'hui encore de nombreux adeptes.

Le luxe extraordinaire de cet hôpital m'a rappelé, par contraste, le *Civil Hospital* de Karachi. C'était le jour et la nuit : un immeuble à Islamabad, un immense taudis à Karachi ; une fontaine dans l'entrée, des marchands d'eau qui la transportent dans des outres de peau de mouton. À Islamabad, tout était propre et désinfecté, à Karachi les sols étaient recouverts de

219

gazes tachées de sang et de pus ; ici, ils changeaient les draps tous les jours, là-bas, il fallait amener les draps de chez soi. À Islamabad, il y avait des fleurs et du silence, à Karachi, l'hôpital résonnait des cris des patients que l'on opérait sans anesthésie, la tête emprisonnée entre deux tables de bois pour qu'ils ne bougent pas. Et qui tombaient comme des mouches. Leur lit était alors aussitôt occupé par un autre malheureux. Si j'ai survécu, c'est parce que ma famille, avec l'aide de personnes qui m'ont aimée, comme Hemat et Nadim, a pu payer mes médicaments. C'est parce que de nombreuses connaissances – même Hammà, l'ancienne femme de ménage – sont venues donner leur sang pour moi. Et enfin, parce qu'un coup de téléphone de Tehmina a permis que de nombreux médecins viennent chaque jour voir comment j'allais.

Au Aga Khan Hospital, le traitement était bien meilleur, mais il fallait tout payer. J'y suis restée deux mois. C'est là qu'on m'a fait mes premières greffes de peau, des jambes au visage. Le personnel médical comme les visiteurs devaient toujours porter un bonnet, des chaussons et des gants stériles. Mais les frais étaient tellement importants qu'au bout de quelques jours j'ai dit à maman de vendre la maison. Dès lors, elle a dormi par-ci, par-là, dans de la famille ou chez des amis. Maintenant, elle habite avec Kiran.

220

Après le voyage à Islamabad, j'ai passé deux autres mois dans la maison de Lahore, entourée d'une extraordinaire affection et de nombreuses commodités – un médecin me contrôlait périodiquement, une femme venait me faire des massages, une baby-sitter s'occupait de Nauman –, mais toujours dans l'anxiété du passeport qui n'arrivait pas, d'une porte qui ne s'ouvrait pas, d'un espoir toujours repoussé.

Jusqu'au jour où Tehmina est entrée dans la pièce où je me trouvais avec Zermina.

— C'est pour toi, a-t-elle dit en souriant et en cachant quelque chose derrière son dos.

— Une lettre, une photo?

J'essayais de deviner.

— Encore mieux, encore mieux, plaisantait Tehmina.

Elle a finalement enlevé sa main de derrière son dos et elle m'a fait voir. C'était ma carte d'identité, le premier pas vers la liberté. L'étape suivante fut la délivrance du passeport. Le visa d'entrée en Italie est ensuite arrivé, mais il manquait toujours le visa de sortie du Pakistan.

Plusieurs jours se sont ainsi écoulés dans l'inquiétude.

Et finalement, un matin de juillet 2001, le visa est lui aussi arrivé. J'avais l'impression que mon cœur allait éclater. Nisha pleurait comme une fontaine, toutes les personnes de la maison ont été prises d'une grande agitation parce que

221

Tehmina voulait partir le soir même. Nous étions à la fois contents et tristes parce que j'allais pouvoir me faire soigner, mais parce que finissait aussi cette extraordinaire période de fraternité qu'avait entraînée le siège de Bilal.

La nouvelle de la délivrance du visa s'est rapidement répandue parmi les journalistes, et les quotidiens de l'après-midi ont écrit que j'allais prendre l'avion le soir même de Lahore. Mais le plan de Tehmina était différent. Nous sommes partis en voiture pour Islamabad, à toute vitesse par peur d'une embuscade de Bilal : nous étions un petit convoi de trois voitures, où se trouvaient Tehmina, son amie Mariàm, Nauman et moi, l'escorte armée qui nous précédait et nous suivait.

Dans la valise, j'avais mis un petit tapis pour la prière, un Coran en ourdou, un vieux bracelet que Guppo Khala m'avait offert, quelques vêtements pour Nauman et moi, y compris un short qu'il mettait quand il était tout petit et quelques jouets. Rien d'autre : une seule valise pour mes vingt-deux années de vie et les six de Nauman.

Les trois automobiles se sont arrêtées devant la petite salle VIP de l'aéroport d'Islamabad. Malgré un trajet tranquille, nous étions encore stressés à l'idée d'un assaut. Cela ne nous aurait pas surpris si Bilal avait tenté par la force de ne pas me laisser quitter le Pakistan. Mais tout s'est passé au mieux, nous avons voyagé en *business class* jusqu'à Dubayy et à trois heures du matin, nous avons décollé pour Rome. À bord, j'ai entendu pour la première fois parler en italien : c'était des sons étranges, très différents de l'anglais. J'avais l'impression d'entendre les bruits de la jungle. Quelqu'un disait sans cesse « tchaaao, tchaaao », on aurait dit le cri d'un perroquet. De l'Italie, je savais juste que c'était le pays des belles chaussures. J'avais vu Rome dans *Vacanze romane* et dans un autre film en costumes : j'avais le souvenir d'une ville avec de gros murs de briques rouges.

Plusieurs personnes m'attendaient à l'aéroport de Fiumicino : Haim, un ami israélien de Tehmina, une dame avec une robe d'un rouge très vif (cela m'a frappée parce qu'au Pakistan personne ne s'habillerait en rouge l'été) qui était l'amie du directeur de l'entreprise de cosmétiques qui avait sponsorisé notre voyage, et Clarice Felli, qui allait ensuite avoir tant d'importance dans ma vie romaine. Nous sommes tous allés manger chez Haim, qui avait préparé des pâtes. Ce n'était pas une nouveauté pour moi : Bilal, qui avait appris à les faire à Londres chez des amis italiens, m'en avait souvent cuisiné. Nauman, en revanche, a longtemps refusé d'en manger. Nous étions fatigués, grisés

223

et un peu inquiets. Nous avions vraiment atterri dans un monde différent du nôtre : à commencer par les boutons de la douche que le lendemain matin j'ai prise sous l'eau gelée. Peut-être que les Italiens n'utilisent pas d'eau chaude en été, ai-je pensé. Tehmina aussi me semblait différente, plus décidée. Peut-être parce qu'en Italie, une femme, même la plus riche, doit tout faire toute seule. À Lahore, par exemple, une domestique lui préparait sa valise en sachant déjà ce qu'elle devait porter, quels vêtements et quel maquillage, si elle allait à Islamabad ou à Londres.

Le lendemain, les journalistes sont venus. Ils voulaient tout savoir de ma vie. J'étais un peu préoccupée pour Nauman, qui était triste et silencieux. Les premiers jours, nous sommes restés chez Haim et les jouets ne le consolaient pas. Peu de temps après, la dame en rouge a décidé de l'emmener avec elle en Sardaigne, à la mer. Ça m'a fait plaisir.

Le jour de la première visite chez le chirurgien est enfin venu. On m'a conduite dans une clinique privée. Une vingtaine de journalistes, dont deux hommes, une femme qui s'appelait Ludina, et Benedetta, la fille que j'avais rencontrée à Khala Katai, sont eux aussi entrés dans la salle.

— Déshabille-toi, a dit le médecin.

J'ai regardé Tehmina, qui était à côté de moi, d'un air interrogateur. Complètement ? Complètement. Devant tout le monde? Devant tout le monde. Je me suis sentie très malheureuse: nous, les musulmans, avons beaucoup de pudeur. J'avais l'impression, entre les mains de ce médecin, d'être une chose qu'il montrait à tout le monde.

Après m'avoir examinée, il a dit qu'il vaudrait mieux consulter le professeur Cervelli. Il n'avait pas le courage d'intervenir dans cette pagaille qu'étaient alors mon visage, mon cou, mon thorax et mon bras droit. C'est lui qui m'a accompagnée chez Cervelli, toujours suivi par le groupe des journalistes.

— Déshabille-toi, m'a-t-il répété d'un ton autoritaire.

— Ce n'est pas la peine, a répliqué Cervelli.

Il m'a donné un baiser sur le front. J'ai demandé un verre d'eau et il m'a mis dans la main sa clef du bar self-service, où Nauman s'est abondamment servi.

— Il faut commencer par libérer le cou. *Neck, neck*, me répétait-il.

J'ai compris qu'il parlait l'anglais comme moi, c'est-à-dire pas très bien. Et j'ai deviné que j'avais trouvé en lui un homme qui voulait me protéger. Dès lors, j'ai beaucoup aimé Cervelli, d'un amour pur, qui s'étend à toute sa famille et à ses assistants, qui ont toujours été bons avec moi. Quand je prie, je prie toujours pour lui aussi, pour qu'il soit heureux et ait du succès.

225

Après la visite, le professeur Cervelli a longuement parlé avec Tehmina, en lui expliquant que ce qu'il avait à l'esprit était une intervention très difficile.

— Si tu veux mieux vivre, tu dois prendre des risques. Ou tu meurs ou tu vis une vie moins amère, m'a-t-elle dit.

— J'accepte si tu promets de prendre soin de Nauman si je ne devais plus me réveiller.

Elle a promis. Et j'ai signé la déclaration de consentement éclairé pour l'opération.

Une mère « dignissime »

Où irait Nauman pendant mon hospitalisation? Cette question s'ajoutait au problème de mon logement quand je n'étais pas à l'hôpital. Après avoir pérégriné d'une maison à l'autre chez des amis de Tehmina, je suis entrée en août dans une maison de repos à Ostia, une petite ville près de Rome. Et l'on m'a fait signer un papier, devant un avocat, où il était écrit que je confiais mon fils à la dame en rouge pendant toute la période où l'on allait me soigner en Italie. Ces jours ont été très tristes, même s'il ne me manquait rien. À part mon fils évidemment, terriblement. Et je ne pouvais le dire à personne car je ne pouvais pas encore parler ni comprendre l'italien. Le soir, on nous faisait dîner à six heures et demie. Après le repas, lorsqu'il faisait nuit, je sortais dans la rue et m'asseyais sur un banc où je pleurais. La route était sombre, personne ne me voyait, j'avais la sensation que mon avenir aussi était bien sombre. Une longue route noire s'étirait devant moi.

Au mois de septembre, Nauman est rentré de Sardaigne et je suis allée le voir chez la dame, piazza di Spagna. Ce soir-là, je me suis aperçue que mon petit singe avait déjà appris tous les mots italiens nécessaires pour vivre : savon, dentifrice, eau, pyjama, chaud, froid, sel, oignons. Et les paroles de nombreuses chansons aussi. Il était en train de maîtriser l'italien : un miracle, à mes yeux. Je l'ai raconté, toute contente, à Allam, un vieux Pakistanais qu'une assistante sanitaire de Ostia m'avait présenté.

— Ne le laisse pas avec les Italiens, m'a-t-il dit, parce qu'ici, les enfants, quand ils deviennent grands, laissent mourir leurs parents dans la solitude. Ils ne leur apportent même pas un verre d'eau.

Des paroles inquiétantes qui ne m'ont pas plu. Ce n'est pas juste de dire du mal des gens du pays qui vous accueille.

Durant ce même mois de septembre, on m'a hospitalisée au Sant'Eugenio, dans la partie réservée à la clinique chirurgicale de l'université de Roma Tor Vergata, pour la première intervention : celle qui m'a libéré le cou. J'avais très peur, pas tant de la douleur que de ne pas comprendre ce qu'on me disait. La veille de l'opération, je n'arrivais pas à dormir, malgré les tranquillisants. Tandis que tout le monde dormait, je suis allée dans le couloir, où il y avait une statue de Bibi Mariàm, et j'ai prié.

228

La foi « bricolée » de Fakhra, dont il serait aujourd'hui dangereux de parler dans n'importe quel pays islamique, ne scandalise au contraire pas les musulmans plus vieux : l'islam a été pendant des siècles beaucoup plus tolérant que le christianisme, et aujourd'hui encore, de nombreux croyants, en particulier les moins jeunes, affirment que le fanatisme des fondamentalistes contredit les principes mêmes de leur religion. Et ils citent le Coran : « Nous croyons en Dieu, et en tout ce qui nous a été révélé, et en ce qui a été révélé à Abraham, Ismaël, Isaac, Jacob et les tribus, et en ce qui a été donné à Moïse et à Jésus, et en ce qui a été donné aux prophètes, venant de leur seigneur : nous ne faisons aucune distinction entre eux… Et ne discutez pas avec les gens du Livre si ce n'est de la façon la plus courtoise, sauf avec ceux qui agissent injustement, et dites : "Nous croyons en ce qu'on a fait descendre jusqu'à nous et en ce qu'on a fait descendre jusqu'à vous : votre Dieu et notre Dieu sont un." »

Ces belles paroles sont pourtant restées lettre morte ces dernières années au Pakistan, qui a souvent été le théâtre d'attentats sanglants entre sunnites et chiites et de crimes commis au nom de la lutte contre le blasphème. La peine de mort contre qui blasphème le prophète, introduite par les lois de 1980, n'a jamais été appliquée, mais il est arrivé plusieurs fois qu'une personne accusée de sacrilège soit tuée en prison ou par des fanatiques islamistes après sa libération. Une fois, c'est même le juge qui avait absous le coupable, *qui a été tué. Mais c'est l'existence même de cette loi (contre laquelle le Conseil mondial des Églises a fait appel devant les Nations unies) qui a rendu très difficile la vie des chrétiens, des hindouistes et des membres de la communauté ahmadiye. L'évêque catholique de Faisalabad, monseigneur John Joseph, s'est suicidé en 1998, ce qui a été interprété comme un geste de protestation contre l'intolérance envers les minorités religieuses, exposées à toutes sortes de menaces.*

Durant cette période, j'étais flanquée d'un « médiateur culturel », personne qui assiste les étrangers qui ne parlent pas italien quand ils sont hospitalisés ou quand ils ont affaire à l'administration publique. C'était un homme et il a commencé à me dire que j'avais eu tort de quitter le Pakistan, où les femmes sont respectées. Il venait me dire ça à moi, que mon mari avait tellement « respectée » qu'il avait voulu effacer mon visage avec de l'acide ! Heureusement, je ne l'ai vu que deux ou trois fois, puis il a été remplacé par une Indienne, Anita, qui connaissait peu l'ourdou mais qui était douce et sympathique. Nous sommes devenues amies et nous le sommes toujours.

La première rencontre avec la salle d'opération a été terrible parce que les médecins n'arrivaient pas à faire l'anesthésie. Ils ne parvenaient pas à trouver une veine assez grande. Ils ont essayé partout, même dans le ventre. Je pleurais. Les draps étaient rouges de sang. Puis Cervelli a eu une idée : il a fait appeler son anesthésiste, le docteur Mauro, un génie. Il m'a d'abord fait une petite anesthésie avec une aiguille très fine, puis, lorsque je n'ai plus senti de douleur, il est entré avec la grosse aiguille pour chercher la veine, et moi, finalement, je me suis endormie.

Le réveil n'a pas été facile parce qu'on m'avait mis la tête en bas et les jambes en l'air. Cervelli et ses assistants, tous habillés en vert (au Pakistan, les chirurgiens sont habillés en bleu), étaient autour de moi et ils avaient tous l'air satisfaits. Quelqu'un faisait « OK » avec le pouce levé et Cervelli répétait « *very good, very good* ». Les premiers jours après l'opération, j'ai eu très mal au cou et au dos, mais j'étais soignée avec beaucoup de gentillesse. Les assistants de Cervelli venaient souvent me demander comment j'allais et le professeur en personne venait chaque jour me voir lorsqu'il était sur le point de sortir et qu'il avait déjà ôté sa tenue de travail. Il me donnait un baiser sur le front et me disait « *very good* », ou « *tutto bene* ». Je me souviens surtout d'une doctoresse, Alessandra, qui lorsqu'elle changeait mes pansements, enlevait mes gazes très délicatement pour ne pas me faire mal, et de la psychothérapeute, Isabella, qui lorsque j'ai pu me lever, m'a conduite chez elle et m'a présenté son mari et son fils. Les infirmières aussi étaient gentilles avec moi. Elles me faisaient des jus d'orange, me donnaient des biscuits et m'amenaient dans leur chambre pour voir la télévision. J'ai ressenti à Rome un sentiment d'affection spontané, qui n'était pas intéressé, comme on peut au contraire souvent le craindre au Pakistan.

Quand j'étais encore à l'hôpital, la dame en rouge a emmené Nauman me voir : j'ai eu l'impression qu'il avait grandi. Malheureusement, je ne pouvais pas encore parler, à cause de tous les points que j'avais dans la gorge. On m'a enlevé toutes les bandes au bout d'un mois. Ma première impulsion a été de me toucher le cou avec les mains : il n'y avait plus cet entrelacs de fils qui me clouait le menton à la poitrine. On m'a donné un miroir, mon cou était libre, le miracle s'était produit. Je pouvais de nouveau lever la tête et regarder les gens dans les yeux.

Avant que je ne quitte l'hôpital, deux princesses, des amies de Tehmina, Doris et Guia, sont venues me rendre visite. Tant que Tehmina était à Rome, j'ai fréquenté nombre de belles maisons et fait la connaissance de personnes importantes, mais quand je suis sortie de l'hôpital, j'ai eu l'impression d'entrer dans un autre film. Un film d'horreur. On m'a placée dans un centre d'accueil, à Nettuno, et j'ai eu l'impression de me retrouver au Pakistan. On allumait la lumière à sept heures du soir seulement, lorsqu'il faisait déjà nuit; il y avait une salle de bains pour dix personnes; on mangeait de la soupe dans des assiettes en plastique tous les jours; il n'y avait pas la télévision; les boissons alcoolisées étaient interdites, mais de nombreux immigrés parvenaient quand même à s'en procurer et de terribles disputes éclataient souvent.

J'acceptais tout parce que je suis patiente et que je ne fuis pas mes responsabilités. Je supportais la vie au centre Caritas, mais de temps en temps je pleurais.

Mon fils était toujours en voyage, je le voyais très peu.

Du reste, comment aurais-je fait pour le garder près de moi? Je n'avais pas de maison, pas d'argent, ni l'espoir d'en avoir. Pendant les derniers mois, c'est la société de cosmétiques qui m'a donné le minimum nécessaire pour mes petites dépenses, mais vu les rapports amicaux et professionnels qui liaient le directeur de cette marque et la dame en rouge, je pensais qu'ils ne me donneraient plus rien si j'essayais de reprendre Nauman avec moi. Dans ma tête s'agitaient des idées très tristes. Je me voyais seule, dans un pays étranger, sans mon enfant. Perdu pour toujours? Je n'avais pas exactement compris ce qui était écrit sur le papier que j'avais signé chez l'avocat. Tehmina m'avait en plus poussée à accepter la proposition, mais elle non

233

plus ne connaissait pas exactement les lois italiennes. J'avais peur.

Un jour, j'ai téléphoné à Clarice Felli. Dans mon anglais approximatif, je lui ai raconté ma vie à Nettuno, et elle, dans son anglais approximatif, m'a beaucoup réconfortée. Une histoire amusante que celle de ma rencontre avec Clarice. Je l'ai connue à l'aéroport où elle était venue en compagnie d'un médecin bengali, je l'avais ensuite revue peu de temps après, tandis que Tehmina était encore à Rome et que nous étions allés avec d'autres personnes au Campidoglio. Elle était en train de discuter avec Veltroni, le maire de Rome. Je ne comprenais naturellement rien, mais Clarice parlait avec tant de fougue qu'elle m'a fait penser à un tigre. J'ai appris par la suite qu'elle était en train de réclamer une maison pour héberger les jeunes femmes brûlées à l'acide et qu'elle demandait juste pour donner aux autres. Un jour, elle avait lu dans le journal qu'au Bangladesh, les jeunes femmes sont défigurées avec de l'acide simplement parce qu'elles refusent un prétendant ou parce que leur famille n'a pas assez d'argent pour finir de payer la dot. Elle a tellement été touchée qu'elle a pris un avion pour Dacca, est entrée en contact avec une association féministe qui s'appelle Naripokkho, et elle a ramené à Rome, chez elle, deux jeunes filles brûlées à l'acide. Avant de partir, Clarice

234

avait fondé l'association *Smileagain*, et dans un second temps, elle a obtenu du maire que nous puissions loger dans un appartement près de la via Cristoforo Colombo, qui s'appelle *Casa dei diritti umani* (Maison des droits de l'homme).

Cette résidence était encore un projet et un espoir quand Clarice est venue me trouver à l'hôpital après la première opération, en m'apportant une boîte de chocolats.

— Je ne pourrais pas plutôt avoir un peu de piment? ai-je demandé, moi qui avais une grande nostalgie de la nourriture pakistanaise.

Elle s'est mise à rire. Ce jour-là, je n'ai pas reçu de piment, mais une grande injection de sérénité et de confiance.

Une autre personne, Eliseo, un ex-policier qui me servait de chauffeur pour me conduire de Nettuno à Rome quand je devais aller voir un médecin, m'a redonné confiance en moi et en mon avenir dans ce pays. En chemin, nous parlions. Il faisait de gros efforts pour comprendre mon italien et j'essayais de comprendre, ou de deviner, ce qu'il essayait de me dire. Petit à petit, je me suis aperçue que pour lui, je n'étais pas un travail comme un autre, mais quelque chose de plus. Eliseo a continué à m'accompagner même lorsque personne ne le payait plus pour le faire et aujourd'hui encore il affirme que je suis comme sa fille.

235

Smileagain *a le statut d'association d'utilité sociale à but non lucratif. Elle a été fondée au mois de juillet 2000 sous l'impulsion de Clarice Felli qui voulait « faire quelque chose » pour les jeunes filles du Sud-Est asiatique brûlées à l'acide.*

Responsable de l'administration de plusieurs sociétés d'ingénierie, Felli n'avait aucune expérience des organismes de solidarité, mais elle avait des idées claires sur la façon d'atteindre le but humanitaire qu'elle s'était fixé : faire fonctionner les institutions italiennes. « Je crois en l'État » dit-elle souvent. À l'époque de la naissance de Smileagain, *il existait un fonds de solidarité auprès du ministère de la Santé qui a permis de faire soigner les deux premières jeunes femmes, Tehmina Islam et Selina Aktar. Par la suite, les compétences en la matière ont été attribuées aux Régions et c'est pour cette raison que deux jeunes femmes pakistanaises, Maphara Sharif et Nasreen Sharif (nom de famille identique par choix « bureaucratique » au moment de l'entrée en Italie, elles ne sont pas apparentées), ont été soignées à Udine, aux frais de la Région Frioul-Vénétie-Julienne. Quand elles ne sont pas à l'hôpital, les jeunes femmes brûlées à l'acide sont logées et nourries par la* Casa dei diritti umani, *créée par la mairie de Rome. Tous les autres frais sont pris en charge par* Smileagain, *qui compte désormais deux mille membres et qui existe aussi au Pakistan, à Dubayy et au Népal. Au Pakistan, grâce à l'action d'une autre entrepreneuse, Masarat Misbah, créatrice d'une chaîne d'instituts de beauté appelés*

236

Depilex, on essaie de constituer une structure stable, avec des chirurgiens plastiques pakistanais et des centres de rééducation, pour permettre aux femmes brûlées de se réapproprier leur vie sans abandonner leur pays et apprendre un métier qui leur garantisse leur indépendance.

En 2004, Clarice Felli a été décorée par le président Ciampi de l'insigne de chevalier de la République italienne.

La première fois que j'ai rencontré Veltroni, le maire de Rome, le jour où Clarice Felli lui parlait à la mairie avec tant de fougue, il m'a prise par la main.

— Viens avec moi, je vais te montrer l'un des plus beaux panoramas du monde.

Il m'a emmenée dans son bureau et a ouvert la fenêtre : c'était vraiment beau. En dessous, il y avait les ruines du Forum, un peu plus loin le Colisée, à l'horizon, on devinait la ville moderne.

— Cette ville t'accueillera, m'a-t-il dit, nous ne te laisserons pas seule, Fakhra.

Il m'a donné la sensation d'être un homme bon, une personne sur laquelle on peut compter.

À Nettuno, les journées devenaient de plus en plus courtes, l'hiver est vite arrivé, mais les fenêtres restaient ouvertes. Il faisait très froid au centre d'accueil. Nauman était toujours en

237

voyage, je ne lui parlais que de temps en temps au téléphone. C'était des jours sombres. De nouveau, la gentillesse d'un Italien, Michele, le responsable du centre, m'a un peu réconfortée. Le soir, quand les autres dormaient, il m'apportait parfois une omelette et un album avec des crayons de couleur.

— Allez, dessine!

Au bout de trois mois, j'ai subi la deuxième opération : on a reconstruit une bonne partie de mon nez, ouvert complètement un œil (qui était tout blanc, ce n'est que plus tard que j'ai eu une greffe de cornée) et augmenté l'ouverture de l'autre. Cette fois, l'hôpital me faisait moins peur. Je savais que j'allais retrouver le professeur Cervelli qui, sous des dehors bourrus, avait un cœur en or : il me donnait la clef du bar self-service, me disputait parce que je prenais des cigarettes et me menaçait.

— C'est la dernière fois!

J'allais revoir les doctoresses et les infirmières qui me traitaient comme si j'étais une vieille amie, et je comptais faire de nouvelles connaissances maintenant que je comprenais un peu l'italien.

La première amitié que j'ai tissée à l'hôpital a commencé d'une façon amusante. J'ai vu une femme qui rigolait dans la chambre à côté de la mienne et j'ai pensé qu'elle riait de moi, alors je me suis mise à pleurer. Mais elle riait pour une

238

toute autre raison et lorsqu'elle m'a vue pleurer, elle est venue me consoler. Elle s'appelait Ilaria ; nous nous sommes revues, à l'hôpital et en dehors. Une autre amie que j'ai rencontrée à l'hôpital s'appelait Enza. Après, elle m'a invitée chez elle, à Pomezia, où j'ai pu plaisanter avec son mari et ses enfants dans la cuisine pleine de lumière. Et si j'en avais envie, je pouvais aussi faire à manger. Un miracle, ces personnes. Elles m'ont réchauffé le cœur et m'ont fait mieux comprendre les Italiens. Leur façon de se comporter en famille et avec leurs amis.

L'ouverture de la Casa dei diritti umani *a été la réponse de la ville de Rome aux sollicitations de* Smileagain *pour venir en aide aux jeunes femmes brûlées à l'acide. Au mois de novembre 2001, lors d'un forum de différentes associations féminines et solidaires organisé par Mariella Gramaglia, conseillère municipale, l'idée de créer à Rome un centre d'accueil et de socialisation pour les femmes victimes de crimes contre les droits de l'homme est née. Le service d'assistance du centre* Differenza Donna *a été la première étape de l'engagement pris par la municipalité de Rome. Puis, au mois de juillet 2002, deux maisons ont été ouvertes, à quelques mètres l'une de l'autre, pour accueillir six personnes.*

Au mois de mars 2002, après la troisième inter- vention, une femme, Emanuela Moroli, est venue me voir.

— Demain matin, je viens te chercher.

Elle m'a conduite à Torre Spaccata, dans un centre qui s'appelle *Differenza Donna*, destiné aux femmes violées. Il y avait de nombreuses pièces, des bureaux, des salariées. Au début, j'étais la seule hôte, puis une jeune femme du Bangladesh, venue elle aussi en Italie grâce à *Smileagain*, est venue y habiter.

Au début, j'allais au lit à trois heures du matin et je dormais tout le matin, comme j'en avais l'habitude, mais on m'a dit:

— Ce n'est pas un hôtel, il y a des obligations à respecter. Tu dois aller chez la psychologue et prendre des leçons pour apprendre à lire et à écrire.

Lire, écrire... L'idée me plaisait. Et mon profes- seur, Fulvia, une belle fille qui avait quelques années de plus que moi, m'a tout de suite plu. Avec moi, elle a commencé de zéro. Elle prenait une revue de mode, m'indiquait les images, me disait «jupe», «bottes», «sac» et écrivait ensuite le mot sur un beau cahier.

Mais si l'idée me fascinait, la pratique me repoussait. Tout était très difficile, *mission impos- sible* pour moi. Je me disais parfois «peut-être qu'un jour, j'y arriverai», puis quand j'ai commencé à étudier, j'ai pensé «mais pourquoi

240

est-ce que je me donne tant de mal ? ». J'étais en proie à une anxiété terrible : je me sentais mal deux jours avant la leçon, je téléphonais à Fulvia pour lui dire que j'étais malade. Mais elle, implacable, comprenait que c'était une excuse et venait quand même. De cette période, j'ai conservé un cahier rempli, « écrit » par moi, mais ce n'était pas de vraies lettres. Ça ressemblait à de vraies lettres, mais c'étaient de petits dessins que j'inventais pour me donner l'illusion de savoir écrire sans trop peiner. Fulvia a été patiente avec moi. Elle était vraiment convaincue que je devais et pouvais apprendre : à tel point qu'elle a voulu me donner des leçons gratuitement pendant un an, une fois que son contrat est arrivé à terme. J'aimais bien Fulvia, je préférais parler avec elle de mes problèmes plutôt qu'avec la psychologue.

Dans l'ensemble, ça a été une bonne période. J'étais dans un environnement agréable, avec de gentilles femmes, et j'étais à Rome, pas en exil dans une petite localité loin de la grande ville où vivait mon fils. Pourtant, il y a eu aussi des blessures à l'âme, comme lorsqu'une fête a été organisée pour Nauman et que je n'ai pas pu y participer car les assistantes craignaient que les enfants prennent peur. Mais, comme je l'ai dit, il y avait d'autres choses qui soignaient ces blessures, et vivre à *Differenza Donna* était certainement mille fois mieux que rester à Nettuno.

241

C'est là que j'ai connu Tehmina Islam, la jeune femme bengalie, elle aussi défigurée avec de l'acide, que *Smileagain* a amenée en Italie. Tehmina était assistante médicale, fonction à mi-chemin entre l'infirmière et la doctoresse. Un jour, alors qu'elle sortait de l'hôpital en compagnie d'une autre assistante, elle a reçu de l'acide en plein visage. Par erreur, parce que c'était l'autre jeune femme que l'agresseur voulait atteindre.

Tehmina avait déjà subi plusieurs opérations qui étaient en train de lui restituer son doux visage, exact miroir de son caractère. Elle parlait l'hindi et ne comprenait pas l'ourdou ; je comprenais l'hindi mais ne le parlais pas. Elle avait de bonnes notions d'italien, moi pas encore ; elle savait parler l'anglais, moi pas. Mais grâce à toutes ces bribes de langues, nous nous sommes très bien comprises. Nous allions ensemble place Vittoria pour acheter de la nourriture et louer les films de nos pays. Nous faisions à manger à tour de rôle (même si elle cuisinait très mal). Je n'avais pas toujours envie de dormir toute seule, alors je lui racontais que j'avais vu un fantôme dans sa chambre pour la convaincre de venir dans la mienne. Quand la nuit tombait, elle avait trop peur pour rester seule et nous passions la nuit à bavarder et à rire. Je plaisantais toujours sur le fait que les Bengalis, qui mangent beaucoup de poisson et d'oignons, sont entourés

242

d'une odeur d'oignons, et je lui offrais du parfum. Mais elle ne se mettait pas en colère et me rendait tout de suite la pareille en m'achetant un tee-shirt.

La voir renaître, les semaines passant, me redonnait courage, les opérations étaient en train de lui restituer son visage. Pas exactement celui d'avant, pas exactement la peau lisse et fraîche d'une jeune femme de vingt-cinq ans, mais un aspect plaisant en fin de compte. Lorsqu'elle est partie, elle était, si ce n'est belle, sûrement jolie. Nous avons organisé une fête en son honneur. Elle m'a envoyé trois merveilleux saris du Bangladesh, puis les contacts se sont malheureusement interrompus. Dans le dernier mail que Clarice a reçu, elle nous apprenait qu'elle faisait désormais partie de l'organisation *Acid Survivors*, qui s'occupe à Dacca des femmes victimes d'agressions à l'acide.

Le document que j'avais signé peu après mon arrivée en Italie indiquait que la dame en rouge avait la garde de Nauman pendant deux ans. Au début, j'ai pensé que c'était une opportunité providentielle. Pour lui surtout, qui pouvait ainsi vivre dans une maison luxueuse, aller en vacances à la mer ou à la montagne dans des endroits prestigieux, avoir tous les jouets qu'un enfant peut désirer, une PlayStation et un téléphone portable. Il s'était attaché aux parents de la dame, au point de les appeler grand-père et grand-mère. Une photo de lui avait même été publiée dans un journal, au milieu des VIP de la Côte d'Émeraude en Sardaigne. J'étais soulagée de ne pas devoir m'inquiéter pour lui, d'autant que la possibilité de faire des allées et venues entre le Pakistan et Rome, entre deux opérations, pouvait se présenter.

Puis des épisodes douloureux se sont produits : la dame en rouge me disait que Nauman avait honte de moi et que je ne devais pas aller le chercher à l'école. Un jour, elle m'a aussi dit que mon fils voulait changer de nom. Quand je le voyais, il continuait pourtant à être affectueux, mais seulement si la dame n'était pas là. Et avec ou sans elle, il avait toujours l'air triste. Ou fatigué. Même après avoir dormi. Je pouvais le voir une fois tous les quinze jours, quand tout allait bien. Parce que, pour une raison ou pour une autre, on me disait souvent qu'il ne pouvait pas venir.

Noël 2002 approchait et j'habitais déjà dans la *Casa dei diritti umani*. Un soir, finalement, j'ai eu Nauman entièrement pour moi et nous sommes allés manger une pizza avec Clarice et Carla, l'un des premiers membres de *Smileagain*.

— Nauman a tout. Pourquoi est-il si triste ? a murmuré Clarice en sortant.

244

Lorsque nous nous sommes retrouvés dans ma chambre, mon fils et moi, nous avons longuement parlé. Peut-être que tous les enfants du monde sont tristes quand ils sont loin de leur mère. Mais il y avait quelque chose d'autre : Nauman n'avait pas confiance en lui. S'il lui arrivait de pleurer, peut-être parce qu'on l'avait sermonné, la dame en rouge le menaçait :

— Je vais t'envoyer dans une prison pour enfants.

Il m'a dit que lorsqu'il ne voulait pas manger ce qui était dans son assiette, elle lui frappait la tête contre la table. Mais Nauman était surtout troublé pour d'autres raisons délicates dont je ne veux pas parler. Et il était inquiet, « parce qu'elle est puissante » me disait-il. Je l'ai laissé parler, sans lui poser de questions. Et j'ai mis en marche le petit magnétophone que je tenais toujours près de moi depuis qu'Emanuela Moroli m'avait conseillé de confier mes pensées et mes souvenirs aux cassettes audio.

Le lendemain, j'ai demandé à Angela, responsable de l'association qui gère la *Casa dei diritti umani*, de téléphoner à la dame en rouge pour avertir que Nauman ce jour-là ne rentrerait pas chez elle parce qu'il avait un peu de fièvre. Le lendemain, même excuse. Le troisième jour, la dame m'a dénoncée à la police.

Au bout de quelque temps, le commissariat du quartier a voulu en savoir un peu plus sur

245

l'histoire de Nauman et la mienne, mais c'est Angela qui est allée leur parler. Du reste, elle savait tout de moi, de ma peur qu'on m'enlève Nauman, et elle connaissait aussi le contenu de l'enregistrement. Quelques semaines ont passé, puis le juge, une femme, a voulu nous voir, la dame en rouge et moi. Elle a posé des questions, nous a écoutées attentivement et elle a décidé que Nauman et moi devions aller consulter un psychiatre à l'hôpital pour enfants Bambino Gesù. J'imagine que la dame a été contente, elle qui disait déjà depuis quelque temps que je devais aller chez un médecin de l'esprit, que j'étais faible et que j'avais le cerveau d'une enfant. Elle disait qu'il fallait faire une chose dont j'ignorais le sens : une « expertise ».

Une période difficile a ainsi commencé. Trois fois par semaine, je sortais de la maison avec mon fils à six heures et demie du matin, nous prenions l'autobus et nous commencions à faire la queue à sept heures et demie. Puis nous restions deux ou trois heures avec un docteur affable qui mettait parfois Nauman tout seul dans une pièce avec des petites voitures et des poupées qui avaient un pénis ou un vagin. Il ne nous voyait pas, mais le docteur et moi l'observions à travers un miroir sans tain. Nauman, heureusement, ne s'est jamais intéressé aux poupées, il a toujours préféré jouer avec les petites voitures.

246

Au terme de ces mois d'examen, le médecin m'a dit:

— Soyez tranquille, votre fils va bien et vous êtes une bonne mère. Personne ne vous enlèvera votre enfant.

Cela m'a naturellement fait grand plaisir, mais je n'étais pas tout à fait rassurée: les médecins ne sont pas des juges, et ce sont les juges qui décident en dernier ressort.

À cette époque, Angela, qui m'obligeait à aller chez le psychiatre même quand je n'en avais pas envie, m'a beaucoup aidée, tout comme Silvia, l'assistante sociale. Ensemble, elles m'ont donné le courage de demander la garde de mon fils. Tandis que les parents et les amis de la dame en rouge essayaient de me convaincre que c'était mieux pour lui qu'il reste vivre avec elle pour toujours.

Ces mois ont marqué un grand tournant dans nos deux vies. D'abord, le fait de vivre ensemble, ce qui dans le passé ne nous était arrivé que pendant de brèves périodes. Et c'est une chose dont je me sens encore coupable aujourd'hui: je pense toujours que si je ne m'étais pas mariée, Nauman aurait eu une vie tranquille et sereine. Dans la *Casa dei diritti umani*, sa vie d'enfant pauvre, ou plus exactement pas riche, a commencé. De l'appartement de la place du Panthéon, l'une des plus belles places de la

247

Rome antique, ou de celui de la piazza di Spagna, il est passé à un convenable mais banal bâtiment du quartier moderne qui borde la via Cristoforo Colombo. Des vêtements Dolce & Gabbana aux tee-shirts des supermarchés. De l'école maternelle de Trinità dei Monti, où vont les enfants des diplomates et des gens fortunés, à une école publique où il y a d'autres enfants à la peau foncée.

Une vie à laquelle il m'a semblé que Nauman s'est très facilement adapté, en se liant tout de suite d'amitié avec ses nouveaux compagnons. Mais il demandait souvent des nouvelles de ses « grands-parents » et il m'a donc paru juste de ne pas interrompre les rapports avec la dame en rouge. Même si certains épisodes m'ont vraiment beaucoup énervée (comme un billet sur lequel il était écrit : « Tu es un petit perroquet en cage, nous espérons pouvoir rapidement te libérer »), je comprenais qu'il ne fallait pas briser les liens affectifs qui l'unissaient à ce couple.

Clarice m'a été d'une aide précieuse. Non seulement parce qu'elle a toujours fait preuve de beaucoup d'affection envers moi et qu'elle a offert beaucoup de cadeaux à Nauman (une PlayStation pour commencer), mais aussi parce qu'à cette époque j'ai été placée sous la protection de *Smileagain*. Au début, une marque de cosmétiques s'était engagée à payer les interventions nécessaires à mon rétablissement, mais, après que le chirurgien avec lequel elle était en contact, le premier qui m'avait examinée, eut renoncé, j'ai été suivie par le professeur Cervelli et mes frais médicaux ont toujours été à la charge du service sanitaire italien. C'est également grâce à la municipalité de Rome que je vivais dans une maison où il y avait aussi des jeunes femmes qui m'aidaient à affronter les nombreux problèmes auxquels devait faire face une jeune fille étrangère, malade, qui connaissait alors peu la langue et encore moins l'administration italienne.

Mais il y avait surtout *Smileagain*. Ce qui ne signifiait pas seulement une assistance pratique jour après jour, mais aussi la sensation d'être protégée, de ne pas être seule avec Nauman face à toutes les difficultés de notre vie.

Le jour où j'ai dû retourner chez le juge, Clarice a voulu qu'une avocate, Maria Laura Rossi, qui l'avait assistée dans une cause importante, m'accompagne. La dame en rouge est venue avec une assistante sociale, qui était aussi son amie.

— La présence d'un avocat n'est pas nécessaire, a dit le juge, mais Maria Laura a insisté pour rester près de moi et elle est restée.

— Nous proposons un acte privé pour régler les rapports avec Fakhra et son enfant, ont dit la dame et l'assistante sociale.

Je commençais à m'y perdre, mais heureusement Maria Laura a répondu :

— Une situation anormale est en train de se produire : vous cherchez à obtenir une sorte de garde qui contourne toutes les règles.

— Mais non, Madame souhaite simplement voir l'enfant, comme lui aussi souhaite la voir. D'ailleurs, Madame la juge, considérez ce que peut offrir Madame, avec ses importants revenus, par rapport à la mère qui vit dans des conditions précaires. Vivre en situation de difficulté économique est douloureux pour un enfant.

Maria Laura a de nouveau répondu.

— Madame a raison : c'est déstabilisant pour un enfant de passer sans cesse d'une vie de luxe et de gaspillage à la vie modeste que mène sa mère. C'est justement pour cette raison que nous demandons qu'il reste toujours avec elle.

— Instituons alors qu'il puisse passer les vacances avec Madame. Voilà, nous avons déjà un papier prêt…

On m'a mis un papier entre les mains où il était écrit que Nauman passerait les vacances d'été, celles de Noël et de Pâques, tous les weekends et aussi certains jours de la semaine avec la dame en rouge.

— Tu es d'accord, Fakhra, n'est-ce pas ? Il suffit de signer ici. Tu signes, Fakhra, n'est-ce pas ?

La juge a eu l'air perplexe.

250

— Le rapport du psychiatre du Bambin Gesù est arrivé, oui ou non?

On a demandé à une personne d'aller le chercher et elle est revenue peu après avec un dossier. La juge s'est mis à lire. Au bout d'une dizaine de minutes, elle a fini par lever la tête.

— Il est écrit que Fakhra est une mère tout à fait respectable.

Je ne savais pas ce que voulait dire ce mot «respectable», et Maria Laura a dû me l'expliquer. Ça m'a fait plaisir de savoir que le résultat de ces trois mois d'allées et venues était le diplôme de «bonne maman».

La juge a décidé que Nauman verrait la dame en rouge quand il en aurait envie, quand c'était compatible avec ses engagements scolaires et si j'étais d'accord.

— Comme il est d'usage entre personnes civilisées, sans qu'il soit besoin de déclaration écrite, a-t-elle dit.

Et c'est ce qui se passe depuis.

J'avais encore peur car la dame m'avait autrefois dit:

— On prendra ton fils et on l'enverra dans un institut.

Maria Laura m'a rassurée.

— Aucun juge italien ne t'enlèvera jamais ton fils, à toi qui es une mère *dignissime*: tu as même un certificat pour le prouver!

251

Vie romaine

L'atmosphère de fête continuelle dans laquelle je vivais à Karachi, cette façon d'aller de maison en maison jusqu'au petit matin, cette sensation que chaque soir était différent, que je pouvais avoir chaque jour un nouveau vêtement, et qu'il suffisait d'aller chez le couturier à quatre heures de l'après-midi pour qu'il soit prêt à neuf heures et se sentir plus belle et différente que la veille : tout cela me manquait, c'est vrai. Mais dans ma vie à Rome faite de jours identiques, je n'oublie jamais ce que j'ai gagné. J'ai la nostalgie de ma mère et de ma sœur, je reverrais volontiers quelques personnes chères, mais je n'ai aucune envie de retourner vivre au Pakistan. J'en arrive même à me dire : « Ah ! Si j'étais née en Italie ! ».

Aujourd'hui, je vois aussi les côtés négatifs des jours passés à Napier Road et ça me déplaît que ma sœur continue à mener cette vie : des dîners à minuit ; au lit à l'aube et sa fille confiée à une baby-sitter pour aller à l'école ; réveil à quatre heures de l'après-midi. Et le reste de la journée à s'occuper de vêtements, de bijoux, de pique-niques ou à regarder la télévision. Et se disputer avec maman et critiquer les autres.

À Rome, je vivais des jours sereins comme n'importe quelle mère : j'emmenais mon fils à l'école le matin, j'allais le chercher à quatre heures, l'accompagnais au jardin public, arrosais les fleurs sur la terrasse, faisais quelques courses et cuisinais pakistanais. Un après-midi au cinéma, une soirée entre amis. Depuis le dernier anniversaire de Nauman, un personnage à quatre pattes est entré dans notre vie : un petit chien plus petit qu'un chat, mais qui croit être un lion et qui veut qu'on joue avec lui toute la journée. Il s'appelle Rudi et c'est une peste délicieuse. Je vis avec Nauman dans un appartement mis à notre disposition par la municipalité de Rome, à la *Casa dei diritti umani*. Ma chambre a un grand lit, où Nauman dormait jusqu'à hier (maintenant, il a un clic-clac juste pour lui), un bureau plein de DVD de films indiens et pakistanais, un petit frigo et une grande armoire. Dans cette maison, il y a une pièce pour d'autres jeunes femmes brûlées à l'acide, un beau séjour avec une terrasse et une salle de bains. Je continue à fréquenter les personnes qui m'ont témoigné de l'affection durant ces années, et que j'ai souvent rencontrées par hasard, mais qui ont ensuite fait partie

254

intégrante de ma vie. Comme Carla, par exemple. Carla est une amie de Clarice qui, un jour où personne ne pouvait m'accompagner chez le professeur Cervelli, s'est proposée comme chauffeur. J'étais très déprimée ce jour-là. Je ne parvenais pas à voir quelle direction pouvait prendre ma vie.

— Je n'ai pas d'avenir, lui ai-je dit.

— Qu'est-ce que tu racontes ? Tu as encore beaucoup de choses importantes à faire, et pas seulement pour ton fils. Tu dois apprendre à lire et à écrire : comme ça, un jour, tu pourras dénoncer ce qui arrive à tant d'autres jeunes femmes brûlées et les aider à vivre. Tu deviendras peut-être célèbre et je pourrai me vanter d'être ton amie.

Dans ma chambre, j'ai essayé d'amener un peu du Pakistan : nos couleurs vives et lumineuses pour les couvertures des lits et les nombreuses photographies collées aux murs. Des photos de ma mère lorsqu'elle était jeune, de ma sœur, de sa fille Alisa, de moi quand je dansais ou de Nauman nouveau-né dans mes bras : des personnes chères, des moments perdus ou trop lointains. Quand je ferme les yeux, tout mon passé refait surface. Des personnes et des moments. Des moments heureux qui font mal, quand je m'en souviens, parce que tout a changé et que plus rien ne sera comme avant.

Comme ce jour de mon enfance où on nous a pris en photo, nous les trois frères et sœurs et un petit cousin que Tina tenait dans ses bras. Nous sommes tous maigres et poussiéreux : des enfants excités qui jouaient, figés par le photographe pour les livrer à la mémoire. Notre cousin s'appelle Ciani. Sa mère était danseuse. Il a deux frères et ils vivaient bien alors, dans le sens où ils avaient un lit pour dormir et de quoi se nourrir. Puis leur mère a changé de compagnon et a eu cinq autres enfants : toujours dans l'espoir que naisse une fille pour en faire une danseuse. Au Pakistan, les enfants sont encore considérés comme un bien, mais dans le monde de la danse, seule la fille peut procurer de quoi vivre à toute la famille. Ciani et ses frères sont à présent très pauvres. Il a beaucoup maigri et souffre d'une maladie due à la faim et au manque d'hygiène. Les frères les plus petits, des enfants de sept, huit ans, travaillent pour quinze roupies par jour, et le compagnon de ma tante ne donne à manger qu'à ses enfants. C'est une tragédie que je ne peux pas supporter : j'ai envoyé de l'argent à Kiran pour qu'elle aide Ciani. Maintenant, il habite avec elle et il aide son mari Puli qui travaille dans un club de billard.

Dans ma chambre, j'ai aussi mis une image de Jésus-Christ et une plaque en argent portant le nom d'Allah ; j'espère qu'ils nous protégeront toujours, Nauman et moi.

Avant que Nasreen n'arrive, une jeune femme russe, qui était puissante dans son pays car elle travaillait dans le pétrole mais qui avait dû fuir, a passé quelque temps ici. Cette fille parlait souvent au téléphone avec un Pakistanais qui vivait à Londres. Un jour, elle a voulu que je lui parle moi aussi et j'ai donc fait la connaissance de Akbar Khan, quelqu'un de très gentil. Quand je suis allée à Londres pour passer quelques jours de vacances, il est venu me chercher à l'aéroport avec un grand bouquet de fleurs : il avait lu mon histoire sur Internet et savait tout de moi. J'étais très intimidée, je ne parvenais presque pas à parler : cela faisait des années que je n'avais pas marché dans la rue aux côtés d'un homme. Nous avons fait les touristes. Le matin, il venait me chercher et m'apportait de délicieux petits déjeuners et le soir au dîner, il me faisait rire car il était très drôle. C'était aussi un bel homme. Il avait étudié en Russie et en Allemagne et il travaillait dans une entreprise qui importait des épices. Quand je suis revenue à Rome, il m'a dit au téléphone : « *I love you* ». J'ai répondu que je ne croyais pas que l'on puisse aimer une fille comme moi. Il a rétorqué que certaines personnes ne s'intéressent qu'à la beauté extérieure, mais que d'autres voient la beauté intérieure. Mais je n'ai pas le courage de penser que cela suffise à faire naître l'amour.

Bilal s'est remarié. Avec la fille du gouverneur du Cachemire. C'est lui qui m'a annoncé qu'il allait prendre une nouvelle épouse :

— J'en ai besoin pour mes enfants.

Il a également déclaré qu'il le faisait pour finalement satisfaire son père. En ajoutant à chaque fois que c'était moi qu'il aimait toujours. Ce qui ne faisait que m'irriter davantage. Puis, un soir de juillet, lors d'un coup de téléphone plus long que d'habitude, il m'a dit à un certain moment :

— Écoute, Patò, je t'en prie.

Patò, le surnom qu'il utilisait quand nous étions heureux. J'ai eu un moment de faiblesse, j'ai éclaté en sanglots. Et lui aussi a pleuré avec moi.

J'ai continué à pleurer toute la soirée. Sur ma vie gâchée, sur l'amour perdu qui ne reviendrait plus. Sur les jours passés à Merin, où on m'a dit que Bilal avait emmené sa nouvelle épouse en voyage de noces, en choisissant justement la même chambre que la nôtre à l'époque. Depuis cette soirée, j'ai coupé la sonnerie du téléphone. De temps en temps, un SMS arrive : « Appelle-moi, c'est important. Je t'aime. » Je ne rappelle pas.

Clarice s'est rendue au Pakistan pour s'occuper de l'association *Depilex-Smileagain*, qui connaît un important développement. L'idée d'apporter des soins aux femmes brûlées dans notre pays est venue un soir à Tehmina et c'est

258

elle qui a présenté Clarice à Masarat. Maintenant, il y a des femmes qui veulent venir d'Inde pour se faire opérer au Pakistan.

Le Fatma Hospital, une structure privée de Lahore qui comprend un hôpital et une université, a décidé d'appuyer le projet Depilex-Smileagain *en offrant des soins partiellement gratuits aux défavorisés. Tous les autres frais, des médicaments au voyage des femmes brûlées de l'endroit où elles habitent jusqu'à Lahore, sont pris en charge par* Depilex-Smileagain, *tandis qu'un petit groupe de chirurgiens — trois Italiens, Francesco Bellezza, Roberto Dell'Avanzato et Giuseppe Lo Sasso, et un Pakistanais, Abrar Pirzada — offrent généreusement leurs compétences.*

La liste d'attente dépasse déjà les cent noms, recueillis dans quatorze centres Depilex-Smileagain *après une première sélection médicale. Dans ces centres, les gens font souvent la queue pour une auscultation. Il semblerait que cinq cents femmes par an soient brûlées, nombre peut-être sous-estimé parce que l'on sait que toutes ne dénoncent pas l'agression, en particulier si elle a eu lieu en famille. Mais chaque fois que les chirurgiens italiens se rendent au Pakistan, les journaux, la radio et la télévision rendent compte de l'événement : les journalistes se battent contre le silence qui entoure cette terrible forme de violence. Et le bouche à oreille commence à fonctionner : les femmes brûlées savent désormais qu'il est possible de recommencer à vivre après l'acide.*

259

Parmi les petits cadeaux que Clarice m'a ramenés de Lahore, il y avait un billet de Shan, un acteur très célèbre et très beau, une espèce de Brad Pitt pakistanais que je fréquentais à Karachi, où nous jouions souvent ensemble à *tambòla*. Deux lignes écrites rapidement sur une page d'agenda arrachée: « *To Fakhra: beauty will always be inside* » (À Fakhra: la beauté sera toujours à l'intérieur).

De simples mots peuvent parfois suffire à soulager la douleur de l'âme.

Opérations

— Fakhra représente aujourd'hui un problème chirurgical. Lorsqu'elle est arrivée en Italie, c'était une énigme, affirme Valerio Cervelli, professeur de chirurgie plastique à l'université Tor Vergata, le médecin qui a effectué les opérations qui lui ont permis de lever la tête, d'ouvrir la bouche et les yeux, et d'avoir un nouveau nez.

En 2001, le premier chirurgien qui l'a vue à son arrivée à Rome n'a pas voulu prendre la responsabilité de lui redonner un visage humain. Cervelli a vu les photos, et ce jeune homme, originaire des Abruzzes, âgé de trente-sept ans à l'époque et déjà professeur à l'université de Rome, a simplement dit:

— C'est bon pour l'intervention, tout de suite après la pause estivale.

Quand elle était à l'hôpital à Karachi, Fakhra a subi deux interventions: une greffe de peau des jambes au visage et l'ouverture partielle de la bouche que l'acide caustique avait scellée.

— L'acide est pire que le feu, explique le professeur Cervelli, parce que le feu fait des dommages tant que dure la flambée, pendant un bref moment donc, alors que l'acide continue à ronger longtemps après avoir touché les tissus.

Durant l'été 2001, les problèmes de Fakhra étaient principalement fonctionnels : un œil était complètement fermé, l'autre à moitié, il n'y avait que deux petits trous à la place du nez, il lui manquait une oreille, la lèvre inférieure et le menton étaient attachés au thorax.

— Le problème principal a été de l'intuber pour l'anesthésie, a expliqué Valerio Cervelli, parce que les « brides fibreuses » provoquées par la brûlure l'empêchaient de tendre le cou et de bien ouvrir la bouche. Il était également impossible de procéder à une trachéotomie. Il était même difficile de lui trouver une veine – sur les mains, le corps ou les jambes – pour introduire une aiguille. L'anesthésiste a fait preuve d'une habileté extraordinaire, et il est finalement parvenu à l'endormir pour la première intervention. Nous avons ainsi pu prélever du tissu de l'aine et le greffer sur le cou.

À l'époque, Fakhra respirait la bouche ouverte parce qu'elle ne pouvait pas la fermer (et elle ne pouvait pas respirer par le nez), elle perdait tout le temps sa salive et ne pouvait presque pas parler. Elle était en Italie depuis deux mois et

264

ne comprenait rien à ce qu'on lui disait. Mais elle avait appris deux mots : « mal » et « eau », comme des SOS, les deux seules microscopiques poignées auxquelles elle pouvait s'agripper dans le tunnel de la longue hospitalisation nécessaire à ce que les médecins appellent par euphémisme une « intervention lourde ». Le « médiateur culturel » qui dans les hôpitaux, et dans les structures publiques en général, sert d'interprète entre les langues et les cultures lointaines, n'était évidemment pas toujours présent.

— Deux interventions ont été nécessaires pour permettre l'extension complète du cou. Fakhra était alors très résignée. Elle n'a retrouvé son petit caractère qu'après, déclare Cervelli.

Fakhra est aujourd'hui une patiente indisciplinée, qui ne met pas les crèmes qu'il lui prescrit sur son visage, qui ne fait pas de rééducation, qui continue à fumer, à manger de la nourriture très piquante et qui ne respecte pas les recommandations ni les interdits du chirurgien (qu'elle tutoie, qu'elle appelle « Cervelli » sans plus de cérémonie, mais en qui elle a une confiance sans bornes).

— Mais c'est peut-être justement ce tempérament indépendant et énergique qui lui a permis de survivre à la tragédie, pense le médecin.

La première année que Fakhra a passée en Italie n'a été qu'une série d'allées et venues entre son domicile et l'hôpital. Tout de suite après lui

265

avoir permis de relever la tête, Cervelli était convaincu que les interventions les plus urgentes concernaient les yeux et le nez. Des yeux, Fakhra ne pouvait ouvrir que la partie extérieure, à l'intérieur la peau avait été fondue par l'acide et les paupières supérieures avaient disparu, ainsi que les sourcils. Au cours des premiers temps de son séjour en Italie, elle ne pouvait voir que les changements de lumière : une première intervention lui a permis de récupérer un œil, l'autre restait fermé, protégé par une gaze.

— Les cellules souches et la bio-ingénierie, explique le professeur Cervelli, n'ont pour l'instant aucun impact clinique sur Fakhra. Nous sommes encore dans une phase expérimentale et on ne les utilise pas dans la pratique clinique quotidienne même si elles alimentent de grands espoirs. Le problème avec Fakhra n'est pas seulement de remplacer la peau brûlée, mais de reconstruire le tissu sous-cutané atteint par l'acide.

Quand Fakhra est arrivée sur la table d'opération, au moins six personnes se sont penchées sur elle, deux ou trois équipes chirurgicales. Même si ces opérations peuvent sembler futuristes aux yeux du profane, le professeur Cervelli tient à préciser qu'il n'a jamais pratiqué une intervention audacieuse ni tenté des techniques nouvelles sur Fakhra.

— Dans une situation déjà si délicate, les complications seraient terribles. Et elle ne doit

266

pas souffrir plus qu'elle n'a déjà souffert. Avec Fakhra, aucune erreur n'est possible.

Après le cou et la bouche, ça a été le tour de l'œil qui ne fonctionnait plus, du nez et de l'oreille.

Fakhra hésitait à l'idée de la greffe de cornée, elle préférait reporter, car c'est une opération qui se fait sous anesthésie locale et elle, au contraire, voulait être endormie.

— J'ai dû m'imposer, dit Cervelli, et finalement elle s'est laissée convaincre quand je lui ai expliqué qu'elle risquait de ne plus récupérer la vue : elle ne pouvait pas rester encore longtemps sans l'utiliser, car dans la nature, ce qui n'est pas utilisé est éliminé. Presque trois ans s'étaient écoulés depuis son agression ; deux ans de plus et le cerveau n'aurait plus reçu l'impulsion du nerf optique.

Le nez a été reconstruit au cours de trois interventions qui ont duré plusieurs heures. La première a permis d'arrêter la sécrétion du mucus et de former un nez, encore petit et incomplet, en partie avec le cartilage de l'oreille saine, en partie avec des greffes pour rehausser la pointe. Dans un deuxième temps, une prothèse d'extension tissulaire faite sur mesure en Allemagne a été greffée avec une incision en forme de cornes. La prothèse d'extension, en anglais *skin expander*, est un coussinet en

267

plastique souple inséré sous la peau, périodiquement gonflé avec de l'eau (à laquelle Cervelli ajoute des antibiotiques par prudence) et qui, laissé sur place pendant au moins quatre semaines, produit de la peau en excès. Dans ce cas, la «nouvelle» peau a servi pour recréer les tissus mous du nez. Au cours de la même intervention, avec une incision au bord de l'oreille, une autre prothèse a été insérée pour augmenter l'aire de bonne peau qu'elle avait dans la partie latérale du cou et qui servira à l'avenir pour la reconstruction du menton. Une fois le cou complètement «débridé», le projet est en effet d'insérer une prothèse par l'intérieur de la bouche pour reconstruire le menton détruit.

Avant cette seconde intervention au nez, une oreille bionique a été appliquée à Fakhra.

— L'opération a particulièrement bien réussi, se souvient le professeur Cervelli, parce qu'elle avait conservé, même après la brûlure, le tragus, la petite saillie cartilagineuse de forme triangulaire qui se trouve dans la partie antérieure de l'oreille. L'adhérence de la silicone molle sur la peau a donc été parfaite parce que le bord antérieur de la prothèse est justement caché par le tragus. La nouvelle oreille est formée d'implants ostéo-intégrés extra-oraux, c'est-à-dire identiques à ceux qu'on utilise en chirurgie dentaire, mais beaucoup plus courts et avec la tête plus large parce qu'ils reposent sur la surface plane

268

des os du crâne. Il s'agit d'une technique innovante – avec Fakhra, il n'était pas possible d'utiliser la technique traditionnelle parce qu'elle n'avait pas suffisamment de bonne peau périlésionelle –, mais je pense qu'à l'avenir, elle remplacera de plus en plus souvent le système actuel qui utilise le cartilage costal.

Le cartilage costal a servi à compléter la construction du nez. Une première intervention de ce type a été effectuée en septembre 2004 et le prélèvement costal a été en partie « thésaurisé » sous la peau, sur un flanc, afin d'être facilement accessible au moment de la reconstruction du nez, qui aurait lieu quand suffisamment de contenant (c'est-à-dire de peau) serait disponible pour accueillir le contenu (le cartilage).

Au cours de l'intervention de décembre 2004, le professeur Cervelli a poursuivi la reconstruction du nez et du cou. La columelle, la partie basse et centrale du nez, a ainsi été formée en utilisant le cartilage « thésaurisé ». Puis une nouvelle intervention sur la partie droite du cou a été réalisée, avec l'insertion de prothèses d'extension qui permettront de récupérer une belle peau lisse, comme cela est déjà le cas à gauche.

« La politique des petits pas, explique Cervelli, s'est avérée nécessaire avec Fakhra parce qu'elle manifeste de vives réticences à l'égard de l'anesthésie locale, et il faut donc procéder à une anesthésie générale, ce qui implique un intervalle d'environ deux mois entre une opération et l'autre.

À l'avenir, les interventions seront plus courtes et, si Fakhra l'accepte, nombreuses. Cervelli parle d'elle comme d'une "œuvre en devenir", où rien ne peut être établi a priori sans tenir compte du facteur humain. Une fois la fonctionnalité et l'équilibre du visage retrouvés (le rétablissement des sourcils, redessinés avec un tatouage, n'a pas été superflu), les améliorations s'ensuivront.

— L'urgence des interventions ne sera désormais plus que sur le plan psychologique, affirme le professeur Cervelli, et elle sera aussi dictée par les événements. Nous travaillerons probablement avec les cellules souches, un élément aujourd'hui encore en devenir.

Postface
de Tehmina Durrani

Quand Fakhra Younas a quitté son mari, Bilal, le fils de mon ex-mari, il a mis à exécution la menace prononcée de nombreuses fois contre moi par son père. Ces paroles, oubliées depuis longtemps, ont résonné à nouveau dans mon esprit, en traversant le temps et l'espace, quand j'ai vu la jeune femme sans visage sur le seuil de ma porte. «J'aurais pu être à sa place» ai-je pensé, effrayée.

Que puis-je dire sur le rôle que nous avons tenu dans la vie de Fakhra, quand c'est son rôle à elle qui nous a contraints à l'humilité?

Fakhra nous a fait prendre conscience que, tant qu'elle était en vie et qu'elle respirait, c'était Dieu en personne et pas une créature brûlée et mutilée qui se trouvait devant nous.

Nous avons perçu la présence de Dieu non pas dans une mosquée, une église ou une synagogue, ni dans les plus belles de ses créatures, mais dans les laissées-pour-compte et les misérables.

C'est elle qui nous a fait comprendre qu'avoir peur à cause d'un homme, d'un pistolet, d'une agression à l'acide ou d'un gouvernement qui s'oppose à la volonté de Dieu n'est pas non plus un choix.

C'est elle qui nous a transmis le message de l'unicité de Dieu dont la volonté est que tous les êtres humains soient, substantiellement et sans aucune condition, responsables de tous les êtres humains.

C'est elle qui nous a fait prendre conscience qu'un cœur de mère ne peut refuser de protéger l'enfant d'une autre.

C'est elle qui nous a poussés à mettre en pratique la parole divine qui nous enseigne à dépasser l'intérêt individuel.

C'est elle qui a sauvé nos âmes alors que nous n'avons sauvé que la personne physique. Un jour, elle a remercié mon fils Ali pour notre aide, et lui a justement répondu : « Fakhra, s'il te plaît, ne me mets plus jamais mal à l'aise en remerciant l'un d'entre nous. C'est nous qui devons te remercier pour nous avoir donné l'opportunité de te servir. »

Car c'est elle qui nous a apporté l'œuvre de Dieu.

Parce que c'est nous qui lui sommes redevables plus qu'elle ne nous sera jamais rede-

272

vable, et je saisis l'occasion pour dire au nom de mes enfants et du mien :

Merci, chère Fakhra, pour être venue dans notre maison.

Tu nous as apporté la lumière même dans ton heure la plus sombre.

Tu nous as apporté la pureté bien que tu sois condamnée par la société et évitée en public.

Tu nous as apporté le bien précieux de l'illumination même lorsque tu pensais n'avoir rien à nous offrir.

Tu nous as apporté la protection divine même lorsque tu croyais que nous étions en danger à cause de tes ennemis.

Tu as mis en lumière la beauté de nos cœurs même quand tu fléchissais sous le poids de ton aspect.

Tu as sauvé nos âmes alors qu'on avait l'impression que c'était nous qui te sauvions.

Si Fakhra s'était trouvée devant le prophète Muhammad (la paix soit avec lui), elle aurait été la dernière victime de l'acide dans le monde islamique.

Je remercie le gouvernement et le peuple italiens pour nous avoir rappelé, à nous autres musulmans, le vrai sens de l'islam à travers la pratique chrétienne.

Et puisque aucun autre pays au monde n'a tendu la main de manière aussi franche, en faisant preuve d'un intérêt certain, à une victime

273

musulmane de l'acide, je pense que c'est la mémoire génétique de Jésus-Christ (la paix soit avec lui), sa gentillesse envers les lépreux, son toucher guérisseur qui brille encore dans l'esprit italien. Les victimes de l'acide sont les lépreux d'aujourd'hui et l'Italie leur a tendu la main comme l'aurait fait Jésus-Christ en personne (la paix soit avec lui).

À une époque où la valeur de la vie humaine est réduite à néant, avoir sauvé Fakhra est le symbole de la valeur absolue que toutes les religions attribuent à la vie humaine.

Les remerciements de Fakhra
(sous sa dictée)

Merci :

À Tehmina Durrani et à ses enfants. C'est une femme très forte et sensible. Si je suis ici aujourd'hui, c'est à elle que je le dois et la remercier est trop faible. Elle m'a donné une nouvelle chance. J'ai beaucoup de respect pour elle et pour ses enfants, qui sont pour moi comme des frères. Ils m'ont aidée comme si j'étais leur sœur, et au Pakistan, aider une danseuse n'est pas simple. Ils m'ont prise par la main et ont marché avec moi sous la lumière du soleil.

Au personnel de maison de Tehmina. Un merci spécial à tous ceux qui ont été à mes côtés comme si je faisais partie de la famille. Merci à : Hanna, Sina, Azurbach, Giura, Ehnet le chauffeur et à tous ceux dont j'ai oublié le nom.

À Zermina Durrani. Dans les moments les plus terribles, tu étais toujours à mes côtés. Je ne trouve pas les mots pour te remercier, je ne parviens qu'à dire «je t'aime» et je prie Dieu pour qu'il exauce tous tes désirs.

À Inamullah Nyasi. Un grand salut et merci du fond du cœur. Tu n'as pas eu peur de prendre des risques pour m'aider. Je t'embrasse comme une fille.

Au docteur Saikhip, le médecin qui m'a soignée chez Tehmina. Parce que tu m'as aidée à traverser toutes les difficultés et que tu es resté disponible à n'importe quelle heure du jour et de la nuit. Je ne l'oublie pas. Je t'embrasse.

Un grand salut à ma mère. Pardonne-moi si j'ai écrit ces vérités difficiles et intimes. Je sais que tu es une mère comme moi et que tu me pardonneras. Merci pour m'avoir donné la vie, merci parce qu'à travers tes souffrances, j'ai beaucoup appris.

Merci à ma sœur Kiran, qui a été pour moi comme une fille, mais qui m'a ensuite servi de mère. Je l'aime tant, elle m'a beaucoup aidée quand j'allais mal. Je lui demande pardon à elle aussi pour avoir inévitablement révélé une partie de son histoire et pour l'avoir fait souffrir.

À mon frère disparu l'année dernière. Même s'il n'est plus là aujourd'hui, je sens sa présence près de moi. Un baiser, Tina.

À Nauman, merci pour l'aide que tu m'as toujours apportée. Tu es un enfant splendide, tu ne m'as jamais abandonnée, quelle que soit la route que j'ai prise. J'espère que quand tu grandiras, tu comprendras, en lisant ce livre, pourquoi je l'ai écrit et que tu pourras être fier de notre histoire. Avec ce livre, je veux te transmettre quelque chose d'important à mes yeux : la vérité et moi-même. Le jour où tu as été opéré des végétations, quand je t'ai vu souffrir, j'ai ressenti un sentiment si fort et si profond, presque inexplicable, mon amour, que j'ai compris à cet instant précis que j'étais une mère. Merci, mon fils, pour m'avoir fait découvrir encore une fois tout l'amour que j'ai pour toi. Avec amour, ta mère.

Merci à Masarat Misbah, présidente de *Depilex-Smileagain* au Pakistan : une femme très forte et sensible. Je suis heureuse qu'elle aide mon pays et j'espère qu'elle continuera sur ce chemin.

À Nasreen. Avant que cela m'arrive, je ne savais pas qu'il y avait d'autres femmes brûlées à l'acide dans mon pays. Puis j'ai connu

Maphara et Nasreen. Nasreen est une jeune femme aveugle, sympathique et joyeuse. Elle nous a tellement aidés, Nauman et moi. Merci Nasreen, merci Maphara, parce que vous m'avez donné le courage de vivre.

Merci aux médecins pakistanais qui m'ont aidée à obtenir mon visa. Je ne me souviens pas de vos noms, mais vous êtes toujours dans mon cœur.

À Valerio Cervelli auquel je n'ai pas besoin d'expliquer quoi que ce soit, car d'un seul regard, il arrive droit au cœur. Tu es un homme spécial, et grâce à toi, j'ai redécouvert l'estime pour les hommes. Un baiser à toi et à ta famille.

À la nouvelle équipe du professeur Cervelli. Ils sont tous très chaleureux avec moi. Je n'ai pas l'impression d'être une simple patiente, mais plutôt une amie. Quand ils m'opèrent, je suis tranquille parce que je sais que je suis entre de bonnes mains, mais je suis aussi chanceuse parce que je sais qu'avoir une équipe comme ça n'est pas rien.

Au docteur Garzioni et au personnel sanitaire du service d'ophtalmologie de l'hôpital Saint-Charles à Nancy.

À Laura Blodrini, porte-parole pour l'Italie auprès du Haut Commissariat aux Nations unies pour les réfugiés, qui m'assiste affectueusement pour faire respecter mes droits.

À Giorgio Fanfani, qui nous a beaucoup aidés, mon fils et moi. Je ne l'oublierai jamais. Merci aussi à son fils Lorenzo.

À l'équipe actuelle de la *Casa internazionale per i diritti umani delle donne*. Même si on se chamaille de temps à autre, je sens une grande confiance et une grande affection que nous ne laissons pas toujours paraître.

À Carla : chaque fois que je la vois, je ressens toujours son affection... Une accolade à ses filles Eleonora et Veronica et à son mari Furio Focolari.

À Soraide. Merci pour avoir aidé *Smileagain*, même si tu es un papillon qui parfois disparaît. Merci à toi et un baiser à ton fils.

À Maria Teresa de *Smileagain*, une femme très timide, douce et sensible, et toujours prête à me servir de médiateur (salutations également à ton mari, « Piazza Vittorio »).

À Teresa Nannarone, conseillère aux politiques sociales de la province de l'Aquila, et à Paola Fiorino de Sulmona, toujours disponibles pour moi et pour Nauman. Deux femmes très sensibles qui nous ont aidées, Nasreen et moi.

À Angela et Nello. Je les ai connus à l'hôpital, où était hospitalisée leur fille Tania. Ils m'ont beaucoup aidée et je les appelle « maman et papa ».

Aux « grands-parents italiens » de Nauman, Rita et Giovanni, qui ont réellement tenu le rôle de grands-parents, en remplaçant en grande partie l'affection que ma famille d'origine ne peut donner à Nauman que de loin.

À Luigi Albisinni, un ami qui m'a toujours aidée en silence, sans jamais rendre public le soutien qu'il m'apporte.

À Francesco Bellezza, qui pour moi n'est pas seulement un médecin, mais un grand ami, parce qu'il nous aide, mon pays et moi, de tout son cœur, et ce n'est pas rien. À Giuseppe Lo Sasso et à Roberto Dell'Avanzato, tous deux médecins, qui vont périodiquement au Pakistan pour aider mon pays.

À Claudia, Luigina, Luciana, que l'on appelle Calabria, à leur famille et à tous ceux que j'ai oubliés et dont je ne me souviens plus du nom.

À Maria Laura Rossi, amie et avocate. Elle est toujours proche de moi et elle a défendu mes droits de mère.

Merci à Mariella Gramaglia, conseillère municipale de Rome, pour la façon dont elle accueille les femmes qui ont les mêmes problèmes que moi.

Merci à Roberta, la mère de Sofia et Dario, les amis de Nauman, qui prend souvent soin de mon fils.

À Elena Doni, qui, avec intelligence et sensibilité, a traduit fidèlement mon histoire, mes douleurs et mes espoirs.

Merci à Clarice Belli, présidente de *Smileagain*. Je ne considère pas Clarice comme une présidente, mais comme une grande sœur. Entre nous, il n'y a pas de barrière. Quand Clarice me regarde, elle comprend tout ce qu'il se passe en moi. Même ma mère n'a pas saisi cette chose fondamentale : ce dont a vraiment besoin un enfant. Je sens que pour Clarice je ne suis pas

281

seulement une hôte qui a été brûlée, il y a beaucoup plus entre nous. Clarice me respecte. Elle voit en moi la femme. Je suis son amie. Clarice et moi parlons librement. Le soir, nous allons parfois dîner. Nous plaisantons et nous discutons en voiture, parfois de sujets futiles, en fumant une dernière cigarette avant d'aller dormir. Nous partageons les douleurs et les joies. Chaque récompense, chaque prix en son honneur, Clarice nous le dédie, à Nauman et à moi. Merci aussi à Anita et à Paolo pour toute la profonde affection dont ils font preuve.

Je demande pardon aux membres de *Smileagain* que je n'ai pas mentionnés car je ne me souviens pas par cœur du nom de tout le monde. Un grand merci.

Ma vie ne se termine pas avec ce livre. Je sortirai de la *Casa internazionale*, je trouverai une maison toute à moi, j'aurai un travail respectable et je serai finalement maître de ma vie, avec mon fils. Je suis en train d'apprendre l'italien. Je reviendrai pour vous raconter une nouvelle histoire.

Ce livre n'a pas été écrit pour moi, mais pour mon pays. Je n'ai pas besoin de publicité. J'espère que quelque chose va changer au Pakistan, et quelque chose est déjà en train de changer. Je pense que toutes les femmes peuvent comprendre le sens de mon histoire.

Je dédie ce livre à toutes les personnes du monde qui souffrent. Qu'il puisse servir afin que cela n'arrive plus.

Achevé d'imprimer par N.I.I.A.G.
en juillet 2007
pour le compte de France Loisirs, Paris